図でわかる 教職スキルアップ ③

skill up

学びを引き出す学習評価

北尾倫彦 編集

図書文化

まえがき　評価の実践的力量を高める

　本書は，教職スキルアップシリーズの第3巻として編集された「学習評価」の解説書である。このシリーズは，教職経験の浅い先生方の指導力を向上させることをねらいとして企画されたが，その指導力のなかにあって学習の評価に関する実践的な力量は特に重要なものである。それは教育の目標に直接的に関係し，教師としての教養や技能の中核に位置づけられる力量とみなされるからである。

　およそ5年前から，小・中学校の指導要録の改訂にともない，学習の評価の主たる記録が目標準拠評価（いわゆる絶対評価）に従って行われることになった。これにともない，"評価改革元年"といわれるほどに学校現場では評価研究とその実践的取り組みが盛んになった。また時を同じくして，学力低下問題がマスコミを巻き込んだ大きな論争の的になり，学力に関する論議が学校の中でも避けて通ることができない問題になった。

　これらの動向から，若い先生方は日常的な実務をこなすだけでなく，"評価"や"学力"という教育の本質的な問題についてもしっかりした識見をもち，教育者として力量を高めることが緊急の課題になってきたのである。しかし，教師の仕事は多岐にわたり，多忙な日々を送っている先生方にとって，時間をかけて研究を行う余裕がないのが現実である。そこで，本書の企画にあたり，評価の基本的な問題を押さえると同時に，実践にただちに役立つ解説書にしようと考えた。このねらいを達成するために，以下の3点にわたるポイントを編集の重点に据えたのである。

　第1には，ただ解説に終わるのではなく，書かれていることを理解し，実践すればどのようなメリットがあるかを明示しようとした。「このように考え，このような方法を使えば指導も評価もうまくいきますよ」という実践的な知恵が得られる本にしようとしたのである。

第2には，その実践的な知恵をわかりやすくするために具体例をできるだけ多く取り上げた。さまざまな評価技能を具体例をあげて解説したり，教室の中での実際の指導を例示するなど，経験のある先生ならばだれでも目に浮かぶようなリアルな説明が展開されている。

　第3には，項目タイトル→リード文→小見出し→イラスト図表というように目で追えば，それだけで読まなくても内容が把握できるように編集している。もちろんしっかり読んでほしいが，多忙な場合はこのような利用の仕方もできるように工夫したのである。

　これらのねらいや試みが成功したかどうかは読者の皆さんのご判断に待つよりほかないが，幸い学校での実践にも精通された著者の方々から全面的な賛同と協力を得ることができたので，編者としてはかなり自信をもって本書を推薦することができる。学校や各種の研究会などで研修用のテキストとして利用していただいたり，個人でも座右の事典がわりとして必要なときにページを繰ってみていただきたい。

　終わりに，本書の企画から編集にいたる過程において，図書文化出版部の大木修平氏に全面的な支援をいただき，ここに深くお礼を申し上げたいと思う。

　平成18年9月

編者　北尾倫彦

図でわかる教職スキルアップシリーズ3
学びを引き出す学習評価

目次

第1章 学習評価とは

1 学習評価の目的 ──────────── 8
2 教育評価と学習評価 ────────── 10
3 測定，評価，アセスメント，評定 ─── 12
4 学習評価の一般的な手順 ──────── 14
5 評価規準と評価基準 ──────────── 16
6 集団準拠評価，目標準拠評価，個人内評価 ── 18
7 他者評価，自己評価，相互評価 ────── 22
8 診断的評価，形成的評価，総括的評価 ──── 26

第2章 1年間の評価の仕事

1 各教科の年間評価スケジュール ────── 32
2 年間指導・評価計画の作成 ──────── 34
3 新学期の子ども理解 ──────────── 38
4 単元における評価の流れ ──────── 40
5 授業における評価の流れ ──────── 42
6 学期末の評価と評定 ──────────── 44
7 選択教科の評価（中学校） ──────── 46
8 学期末の通信簿の記入 ──────────── 48
9 学年末の指導要録の記入 ──────── 50
10 調査書（内申書）と高校入試 ────── 52
11 評価に基づく授業改善 ──────────── 54

12 評価に基づく個別支援 ―――――――――――――56
  13 子ども・保護者への説明責任 ――――――――58

第3章 評価資料収集の技術

  1 ルーブリック ―――――――――――――――62
  2 行動観察 ―――――――――――――――――66
  3 作品・表現 ――――――――――――――――70
  4 自己評価 ―――――――――――――――――74
  5 相互評価 ―――――――――――――――――76
  6 ポートフォリオ ――――――――――――――80
  7 教師の言葉かけ ――――――――――――――84
  8 ペーパーテスト（教師自作テスト）――――――86
  9 補助簿 ――――――――――――――――――90
 10 標準学力検査 ―――――――――――――――92
 11 その他の諸検査（適応性検査）――――――――94

第4章 観点別評価の手順と方法

  1 観点別評価の考え方 ――――――――――――98
  2 観点別評価の手順 ―――――――――――――100
  3 評価規・基準表の作成 ―――――――――――102
  4 単元の指導・評価計画の作成 ――――――――106
  5 毎時の授業の立案と実践 ――――――――――108
  6 「関心・意欲・態度」の評価 ――――――――110
  7 「思考・判断」の評価 ―――――――――――114
  8 「技能・表現」の評価 ―――――――――――118
  9 「知識・理解」の評価 ―――――――――――122

第5章 総合的な学習の評価
1 総合的な学習の評価の考え方 ——————128
2 評価の観点 ——————132
3 評価方法の工夫（ポートフォリオ）——————136

第6章 特別活動・行動・道徳の評価
1 特別活動のねらい ——————142
2 特別活動の評価の考え方 ——————144
3 特別活動の評価の実際 ——————146
4 「生きる力」をはぐくむ行動・道徳の評価 ——————150
5 行動・道徳の評価の実際 ——————152

第 1 章

学習評価とは

1　学習評価の目的
2　教育評価と学習評価
3　測定，評価，アセスメント，評定
4　学習評価の一般的な手順
5　評価規準と評価基準
6　集団準拠評価，目標準拠評価，個人内評価
7　他者評価，自己評価，相互評価
8　診断的評価，形成的評価，総括的評価

〈学習評価の基本概念〉

1 学習評価の目的

子どもたちの学習の過程や成果をとらえ，学習目標の達成状況を評価し，その結果を指導や学習の改善に生かすことが目的である。この改善には教育の全体的なシステム調整も含まれる。

▶ 教師が指導のあり方を反省し，改善するために

まず学習の事前状態の診断的評価によって，教師は何をどのように学ばせるのがよいかを判断する。そして指導が始まると，単元や1単位時間という区分ごとに一人一人の達成状況をとらえ，未達成の子どもには補充指導を行う。この形成的評価は，よりきめ細かに行うこともあり，評価の重要な指導目的である。さらには，学期や学年末の総括的評価は，次の指導計画の立案やカリキュラムの編成に活用することも目的である。

このように学習評価の情報は，学習指導のあらゆる段階で生かすことができるものであり，このことを強く意識して評価を行うように心がけていきたい。

▶ 子どもが学習活動を意欲的・効果的に行うために

どこまで達成できたかという評価情報が子どもにフィードバックされると，さらに学ぼうという意欲が刺激される（評価の動機づけ機能）。また評価情報によって自分の学び方のどこに問題があり，どのように修正すべきかがわかる（評価の自己調整機能）。

この評価のポジティブな面とは逆に，評価によって失望し，学習を放棄してしまう場合もあり，このネガティブな面を抑制する配慮も望まれる。自ら学び，自ら考える力が重視される生涯学習の時代においては，自己評価の指導などによって，ポジティブな面を評価の目的として重視したいものである。

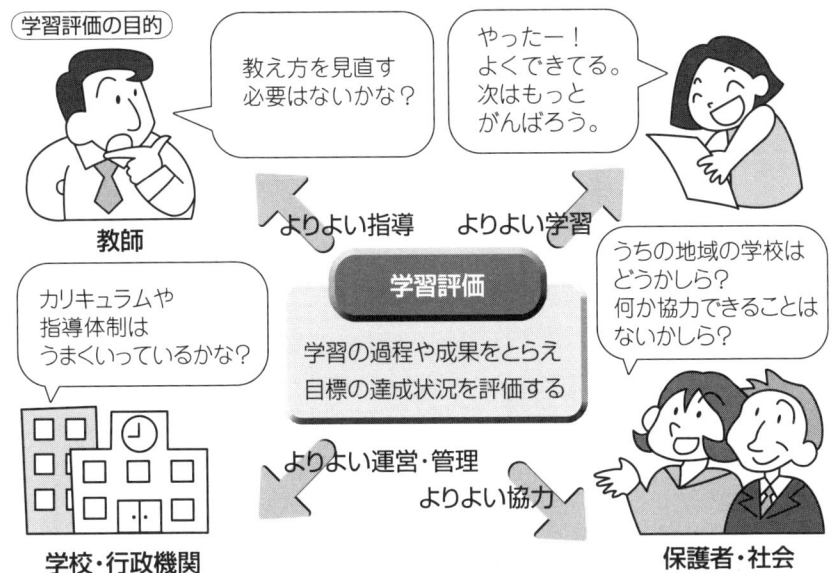

保護者や社会への説明責任を果たすために

　保護者や社会の側からの期待にこたえ，協力体制を確立するためには，学習評価の情報の提供が欠かせない。この説明責任を果たすことも評価の目的である。もちろん，そこには子どものプライバシーや指導上の要請から制限が加えられることもある。

学校や行政機関が運営や管理を的確に行うために

　カリキュラムや教授組織の適切性を判断し，それらの改善を図るためには，学習評価の情報が必要である。また，進学・進級・転校などの際に指導要録の学習の記録が役立つなど，学校運営の実際面においても，学習評価の情報を適切に利用することが求められる。学校や行政機関が評価情報に基づいて教育の改善を行う場合には，子どもだけでなく，教師，カリキュラム，学校の組織・運営，家庭や地域の協力などを全体的に検討する。

〈学習評価の基本概念〉

2 教育評価と学習評価

教育評価とは，子どもにどれだけ教育の成果が現れたかを見積もることであり，大きく「子ども(被教育者)の評価」と「処遇条件の評価」に分けられる。学習評価は前者の一領域である。

▶ 学校における教育評価の全体像

学校における評価活動は，図のように「子ども（被教育者）の評価」と教育の成果を左右する「処遇条件の評価」とに分けられる。学校教育の成果や条件を客観的にかつ総合的に評価するという意味で，これを「学校評価」という場合もある。中心に位置づけられる学習評価とその規定条件を重点的に評価し，改善につなげることが大切である。

▶ 子ども（被教育者）の評価

● 学習評価

教科指導の成果は学力であり，知識だけでなく多くの観点から評価される。学習評価は，教育評価全体の中で最も重視され，研究と実践が積み重ねられてきた分野である。

● 行動・道徳性の評価

教育の成果は行動面や道徳性にも現れ，評価の対象となる。生徒指導や学級指導などの教育活動の成果も適切に評価されなければならず，特に全人的発達という視点から人格面の特性が評価されることになる。

● 適性・適応性の評価

教育の成果を左右する個人的属性として，適性や適応性が評価の対象になる。診断的評価では，基礎的学力だけでなく，知能，認知スタイル，学習方略，学習習慣，社会的適応性などについて分析的に診断が行われる。学習困難児などの不適応児では，この診断的評価は特に重要である。

第1章　学習評価とは

学校における教育評価の全体像

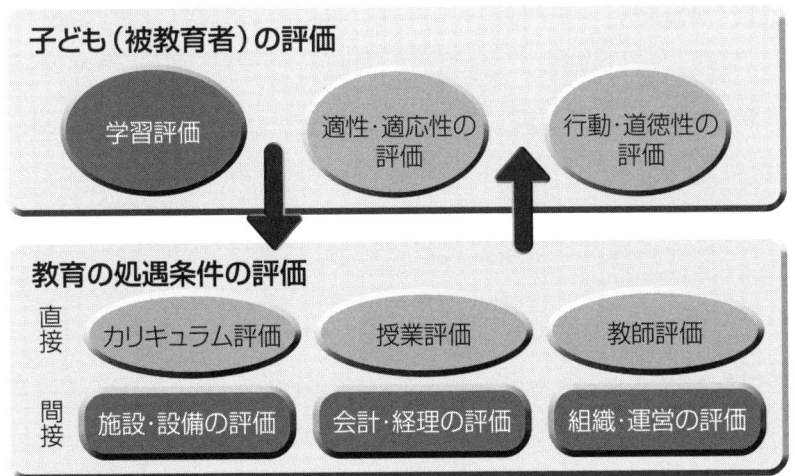

◉学習評価を中心に，その規定条件を評価し，教育の改善につなげる

教育の成果を左右する処遇条件の評価

● カリキュラム評価

　教科指導などの教育活動を計画的・組織的に編成した教育内容の全体がカリキュラムであり，教育の成果を規定する重要な条件として評価されなければならない。学校におけるカリキュラム編成が重視されると，この評価は学校評価の核となる。

● 授業評価

　教材研究に始まり，授業設計，授業展開，指導技術にいたるまで，授業の諸問題が子どもの学力に影響するので，処遇条件の中の重要な要件として評価されなければならない。

● 教師評価

　指導力不足が問題視される今日的状況からも，教師評価は重要な課題であり，自己評価を中心にして適切な方法を工夫すべきである。

〈学習評価の基本概念〉

3 測定，評価，アセスメント，評定

「評価」に似た言葉に，「測定」「アセスメント」「評定」などがある。考え方や表し方によって強調点が異なるので，歴史的な変遷や実際的な表記法をよく理解したうえで使い分けたい。

▶ 測定：数量的資料をつくりだす

　ペーパーテストが測定の技法として代表的だが，例えば，作品や行動などを一定の観点から段階的に見積もり，各段階を数値で表す評定尺度法によっても数量的な資料をつくることができる。採点や数量化の方法さえ決めておけば，だれが評価しても同じ結果になり，客観的な評価になる。
　数量化の1つである偏差値が受験教育体制の中でしばしば使われ，偏差値教育などと批判された。しかし数量化の技法は評価の信頼性にとって欠かせないものであり，問題にすべき点は測定の後の解釈や総合の仕方である。測定主義への批判は，数値のひとり歩きへの戒めであるといえる。

▶ 評価：目標に照らして資料から価値判断する

　測定は，客観的な資料をつくり出すこと自体に主眼があるが，評価はその資料の価値判断に重点をおく。学習評価の価値判断は教育目標に照らし合わせて行われる必要があり，教育目標が明確に定められていなければならない。教科の目標や単元目標から具体的な評価項目を導き出し，評価資料と照合することが価値判断であるが，そこには教師の主観的解釈が介入する余地がある。その解釈は教育や学習過程についての的確な洞察に基づくものでなければならず，偏見や誤解があってはならない。

▶ アセスメント：価値判断よりも総合的解釈を重視する

　ペーパーテストだけでは学習のすべてをとらえたことにはならず，観察

[評価概念の歴史的移り変わり]

測定による客観性の重視
客観性・信頼性のある評価を！
・筆記試験の採用と尺度の開発（1800年代後半〜）
・教育測定運動の活発化（1900年代〜）
・心理テストの開発（1900年代〜）

評価による価値判断の重視
目標達成のための評価を！
・測定主義への批判（1930年代〜）
・八年研究（1933〜1940年）
・教育目標の分類学（1956年）

アセスメントによる総合的解釈の重視
総合的に解釈する学力の評価を！
・テスト批判と真正の評価論（1970年代〜）
・ポートフォリオ評価の登場（1990年代後半〜）
・総合的な学習の時間の新設（1998年）

法や実演・実技などのパフォーマンス評価を取り入れ，しかも長い期間の資料の収集（ポートフォリオの活用など）によって「真正の評価」をすべきであるという考えが登場してきた。

このアセスメントでは，価値判断よりも総合的に解釈することが重視され，心理臨床におけるアセスメントのように，その子の処遇決定までも含めた解釈が行われることもある。しかしテストの改善やワークシートの活用などにより，多面的に学力をとらえる工夫を行うことも大切である。

評定：数値や記号で評価の結果を表す

通信簿や指導要録における学習評価では，3ないし5の段階評定が行われるが，これによって評価が総括され，だれにもわかりやすく，管理目的には便利である。指導要録には教科ごとの評定が記入されるが，指導に生かすには観点別評価や所見なども利用される必要がある。

〈学習評価の基本概念〉

4 学習評価の一般的な手順

多忙な教師にとって評価の仕事はたしかに負担が大きい。煩雑な手間と無駄を省きつつ的確な評価にするには，次に示す手順と重要なポイントをよく理解し，計画的に進めることである。

▶ 何のために評価するのかを，もう一度確かめておく

　評価活動が習慣化すると，次々と作業は進むが，評価のための評価になる恐れがある。評価の目的を再確認しながら，例えば，評価を指導に生かそうというのであれば，単元での習得状況を目標に関連づけて評価する。

▶ どんな場面で，いつ評価するのが適当かを考えておく

　評価の時期は，その目的に応じて指導前，指導中，指導後に分かれる。また，指導中の評価の場合，どんな場面を取り上げるのが適当かを判断しなければならない。すべての場面で評価資料を収集していては授業が成り立たない。さらに，どの段階（時期）に評価の総括を行うのがよいか，あらかじめ計画を立てておく必要がある。単元終了時，学期末，学年末の総括の仕方を考えておくのである。

▶ 教育目標を単元レベルで細分化・具体化する

　抽象的で大きな目標では評価するのがむずかしい。「〇〇〇ができる」「△△△を説明することができる」などと具体的な表現で目標が示されると的確な評価が可能であり，これを行動目標とか具体的評価項目という。後で述べる評価規準にはこれらの目標や項目が使われるので，この目標の細分化・具体化は大切な評価の作業である。

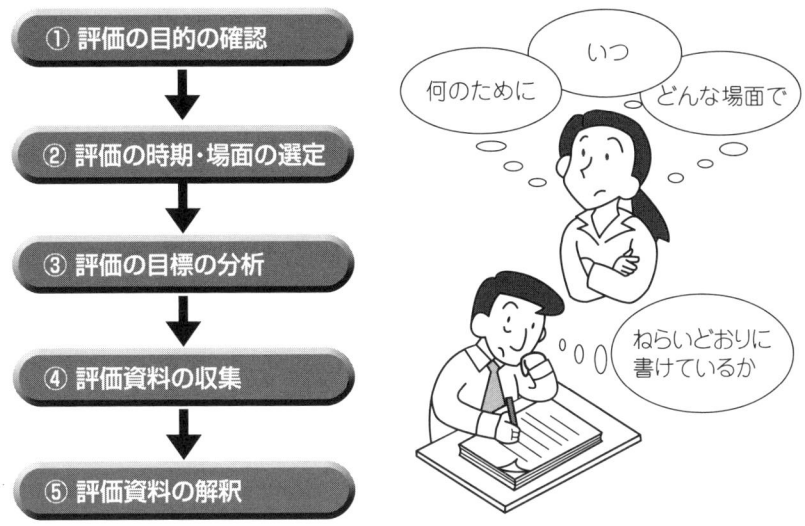

◗ 目標に応じた資料をさまざまな方法で集め,整理する

　目標が「知識・理解」ならば,多くの場合ペーパーテストを使えば必要な資料が得られる。しかし「関心・意欲・態度」の目標であれば,部分的にはテストも使えるが,やはり観察法や自己評価法による資料収集が中心になるだろう。2つ以上の技法を組み合わせて使うこともあるが,どの技法が最も適しているかを考え,必要な資料を必要な分量だけ集めるように心がけたい。

◗ 目標と照合しながら資料を解釈し,価値判断を行う

　言葉で記述された資料,数値化された資料など,さまざまな資料をよく整理し,解釈や判断を下すプロセスが評価の中心的な段階である。誤ることのないように慎重に考えることが大切だが,同時に活用しやすい形にまとめ,だれにもわかる評価結果を得ることも重要である。また,評価結果を目的に応じて正しく活用できるように整理し,保管することも大切だ。

〈学習評価の基本概念〉

5 評価規準と評価基準

評価のよりどころとなるキジュンを表わす概念として,「評価規準」と「評価基準」がある。評価規準は「何を」評価するかを,評価基準は「どれだけ」達成したかを示す概念である。

● 評価規準は「何を」評価するかを示す

　教科指導は教科や単元の目標を達成するために行われるので,どのような評価であってもその目標が達成されたかどうかが評価のよりどころになる。これが評価規準である。

　評価規準が必要なのは目標準拠評価でも集団準拠評価でも同じだが,集団準拠評価では"何を"よりも集団内での相対的な位置に関心が向けられた。ところが,近年の目標準拠評価では観点別に目標を設け,"何を"が厳しく問われるようになり,評価規準が重視されるようになった。

● 評価基準は「どれだけ」達成されたかを示す

　"何を"のほかに"どれだけ"を判断する必要があり,このよりどころを評価基準とよぶ。つまり,目標の達成の度合いを見積もることが指導上必要であり,この段階的な目安となるものが評価基準である。段階が2段階ならば「規準」だけで足りるが,3段階以上では「基準」が必要である。

　ところで,目標準拠評価に変わり,評価基準をどのように決めるかが問題になった。長年,相対評価（集団準拠評価）を続け,テスト得点の処理に慣れてきたため,基準を目標の達成度におくことに戸惑いがあった。しかし"どれだけ"を学習の広がりや深さの程度に基づいて決めることが大切である。学習の質的な達成度について設定した詳細な基準を欧米ではルーブリックと呼ぶことがある。思考・表現や作品・実技・実演などの評価では,わが国でもルーブリックが利用される場合がある(→3章)。

2つのキジュンの違い

評価規準
① 「何を」評価するかを示す
② 目標の質的特徴である
③ 目標準拠評価でも集団準拠評価でも同じ

評価基準
① 「どれだけ」達成したかを示す
② 達成度の段階的指標である
③ 目標準拠評価と集団準拠評価で基準の立て方が異なる

- 評価基準によって，より充実した指導が行われる
- 子ども自身もより高い段階をめざして学ぶようになる

評価基準はいらないか？

　両者は概念としては区別できるが，実際面では評価規準だけで足りるという考え方もある。また，達成の度合を段階的に詳しく決めて評価するのは，点数を気にかけすぎるのと同様に，無用なストレスを与えるという意見もある。そのことから，"達成""未達成"の２段階でよいとか，基準は必要ではない，という主張がなされることもある。

　しかし，目標の達成状況を２段階に限定してとらえることには無理があり，より詳細な評価情報を得るほうが指導にも学習にも有効である。１つの目標についても，どれだけ深く追究したかが異なり，その深まりの程度によって３段階以上に分けて評価するのが妥当である。また，学習の広がりを多数の評価項目から総合的に見積もる場合には，総合得点によって詳細な段階評価を導くのが適当になる。

　これらの点から評価基準は必要であり，基準に照らしてより充実した指導が行われ，また子ども自身もより高い段階をめざして学ぶようになる。

〈学習評価の類型〉

6 集団準拠評価, 目標準拠評価, 個人内評価

評価基準の決め方によって, 学習評価を3つに分類できる。同じ資料であっても, 基準が異なると結果の表示や解釈も違ったものになる。それぞれの基準についてよく理解しておきたい。

▶ 集団準拠評価は, 集団内での個人の相対的な位置を示す
● 結果の表し方

　集団の中の相対的な位置（優劣）を基準にして評価するのが集団準拠評価である。優劣を判断するときは他人と比較するのが一般的な方法であり, 最もわかりやすい表し方は順位である。その人よりも下位にいる人たちが全体の何パーセントを占めるかというパーセンタイル（% ile）が使われることもある。よく知られた5段階相対評価は, 各段階に割りあてる人数のパーセントで決めたものである（下図を参照）。

　また, 集団内の得点の散らばりをもとにして相対的位置を合理的に示したのが偏差値である。散らばりを標準偏差（σ）で示し, 平均（M）からの逸脱の幅が標準偏差の何倍に相当するかを測る。この値を10倍し, 50を足した値が偏差値である（$10(X-M)/\sigma+50$）。

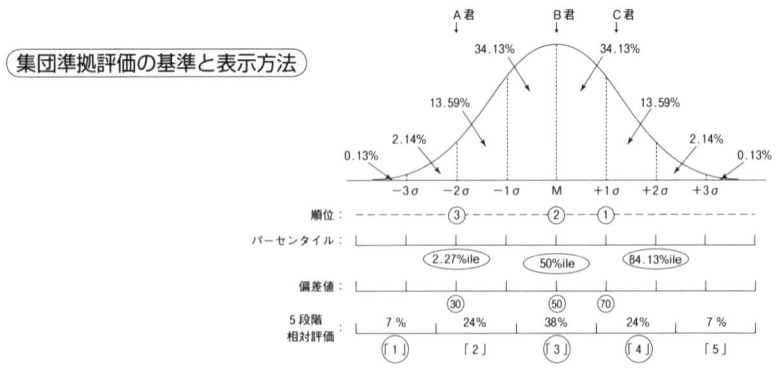

集団準拠評価の基準と表示方法

3つの評価法の比較

	集団準拠評価	目標準拠評価	個人内評価	
			縦断的評価	横断的評価
基準の立て方	相対的な位置	目標の達成度	進歩の程度	個人内での比較
長所	客観性が高い	指導・学習に生きる	努力を促す	個性の自覚を促す
短所	集団によっては適用が困難な場合や好ましくない場合がある	手順が煩雑であり,解釈が恣意的になる	これだけでは不十分であり他の評価を併用する必要がある	

●それぞれの評価法の長所を生かして,総合的に解釈する

● 運用上の留意点

　集団準拠評価は客観性の高い評価であるが,ゆがんだ分布を示す場合や小さな集団には適用することができないという統計学的な難点がある。また,教師の指導や子どもの学習における努力を反映した評価にならないこともある。例えば子ども全員が努力して高い目標に到達していても,相対的に比較されると,低い評価に甘んじなければならない子どもも出る。

目標準拠評価は,目標にどれだけ近づいたかを示す

● 目標準拠評価の手順

　ほかの子どもと比べるのではなく,教育目標に近づいた度合いを基準にして評価するのが目標準拠評価である。教科の目標や単元目標に照らし合わせて評価するという立場に立つものであり,目標をよりどころにするのが教育本来の立場であるともいえる。しかし合理的・客観的な評価にするのがむずかしく,次に述べる工夫が必要である。

〈学習評価の類型〉 6 集団準拠評価, 目標準拠評価, 個人内評価

①単元目標を細分化し, 観点ごとに評価項目を設定する
　これが評価規準であり, 何を評価するかを場面を考慮して具体的に示しておく。その表現が多義的でないよう, また数が多すぎないように気をつけたい (→ P.103)。
②評価項目について, 達成度の段階的な指標を設ける
　「知識・理解」の項目ならば, どれだけ多く習得したか（学習の広がり）によって段階を分ける。「思考・判断」のように, 追究の程度が問われる項目については, どれだけ深く学習したか（学習の深化）によって段階に分ける。このような学習過程の判断が学習評価の根幹であり, この点をおろそかにしてはならない。結果は3段階 (A, B, C) で表すのが普通である。
③単元末, 学期末, 学年末に, 評価結果を総括する
　単元末や学期・学年末の総括においては, 各段階の出現の程度を分割することによって基準を具体化する。
　単元末には, 1つの観点につき複数の評定があるときには最も多い評定を単元の評価にする。同数のときは, より重要な項目の評定のほうを採用する。学期末には, 同様の方法で評価項目または単元の評定から総括し, 学年末には, 評価項目, 単元, または学期の評定から総括すればよい。

● 運用上の留意点
　以上の手順により目標準拠評価を信頼できる評価にすべきだが, 再検討や補正を怠ってはならない。基準の決め方に恣意性が残るので, だれが行っても同じ評価になるとは限らない。他と比べて甘いほうへゆがむこともあれば, 厳しいほうへゆがむこともある。教科や地域ごとの研究会などで評価規・基準の検討を重ねたり, ときには標準学力検査 (→ P.92) の結果と比較することによって補正を試みる必要がある。
　目標準拠評価に変わってから, もう1つの難点として, 複雑であって手間がかかることが指摘されてきた。テストの得点処理だけで足りていた従来の手順が, 評価規・基準表の作成や資料収集に労力をかけることになったためだが, これが教育本来の評価の手順なのである。評価項目の厳選や補助簿の工夫, さらには資料の保存や集計におけるコンピュータの活用に

よって，できるだけ負担の軽減を図るようにしたい。

個人内評価は，本人としての長所短所を示す

　発想を変えて，一人一人の子どもの内に基準を設ける評価も考えられ，これを個人内評価という。子どもは一人一人ユニークな存在であり，個人としての特徴をとらえた評価が教育においては重視されるべきである。

　集団準拠評価でも目標準拠評価でも，それだけでは教育的に十分な評価情報であるとはいえない。他と比べるとか，教科や観点で細分化して評価するだけでは，一人の子どもの全体像をユニークな存在としてとらえたことにならないのである。個人内評価による多様な見方からの情報を一緒に提示することによって，一人の子どもがきちんと理解され，評価されたことになる。

● 過去の成績を基準にして進歩の程度を評価する

　個人内評価の1つは，過去の成績を基準にして進歩の程度を評価する「縦断的評価」である。前の学期に比べて進歩したという評価を受けると，さらに努力しようという意欲が強くなるであろう。子どもにとってよい影響が期待されるが，進歩の程度だけでなく達成レベルも無視するわけにはいかない。進歩だけが評価されると，1学期は手加減して低い成績にしておく子どもも出るであろう。

● 教科間や観点間で優劣を比べる

　個人内評価のもう1つは，教科間や観点間で優劣を比べるという「横断的評価」である。国語に比べて算数はやや劣るとか，4つの観点のなかでは「技能・表現」が他の観点に比べて優れているというように，得意・不得意を評価する。一人一人の特徴を知るうえには好適の評価だが，一定レベル以上の学力が達成されていることが前提として要求されよう。

● 運用上の留意点

　個人内評価は他の2つの評価と対立したものではなく，他の評価を補完することによって教育指導の充実を図るためのものである。したがって，他の評価と併用し，子どもの学習意欲を高め，よさを発見するためというねらいをもって個人内評価は行われる必要がある。

〈学習評価の類型〉

7 他者評価，自己評価，相互評価

だれが評価するかで学習評価を3つに分類できる。もちろん教師による評価（他者評価）が中心だが，子ども同士で行う相互評価や学習者自身による自己評価にも大いに教育的意義がある。

▶ 学習評価の基本は，教師による他者評価

教育目標を設定し，それをよく理解しているのは教師であるから，教師による他者評価が学習評価の中心的役割を果たす。子どもや保護者にも理解を求める努力は必要であるが，指導や評価に責任をもつのは教師である。評価者としての教師が，被評価者としての子どもをどのように評価するかが学習評価の基本である。

しかし，ときとして教師の思い込みや偏見が学習評価をゆがめることもあり，ほかの人の意見や評価を聞くことは大切である。親の意見，級友からの評価，そしてなによりも子ども自身による評価を適切なタイミングで取り入れる心のゆとりが教師には求められる。

まれに教師以外の人が評価者になる他者評価もある。1つは研究目的の場合であり，ほかの教師や研究者が授業研究を目的として子どもの学習を観察し，評価を行うことがある。もう1つは保護者相談の場において，子どもの学習についての意見を聴取することがある。このように，教師以外による他者評価は特別な目的がある場合に限られるが，これらの評価や意見は教師による他者評価の中に取り入れることがあってもよい。

▶ 相互評価は，事前の指導が成否のカギ

相互評価は，級友同士が互いを評価し合うというものであり，教師による適切な指導のもとにおいては有効である。

級友同士がライバル関係にある場合は，どうしても公平な評価を期待す

ることができない。また，評価の観点がわからないために，いい加減な評価になることもある。このような点から，適切な指導を行ったうえで相互評価を取り入れるようにしたい。

　大切なポイントは，学級の中に協同学習を行う雰囲気ができていなければならないということである。自分も向上するが，他人も助け，共に向上しようという雰囲気をつくる学級指導が前提である。また，人物を評価するのではなく，学習のプロセスをよく見て，一定の観点から評価することを事前にしっかりと教示しておく必要がある。

自己評価でメタ認知を促す
● 自己評価の必要性
　評価の対象となる学習者自身が，評価の主体となって自分の学習を振り返ることを自己評価という。

　生涯にわたって学び続けることが求められる現代社会においては，学校において自ら学び，自ら考える力を学力の中核にすえた教育を行う必要がある。それには，評価についても他者評価よりも自己評価を基本にすべきであると主張され，自己評価カードやポートフォリオの作成への子どもの参加などが大きく取り上げられるようになった。

● フィードバック情報の利用
　学習の自己評価は，ふつう課題や場面ごとに行われるが，正誤のフィードバック情報が有効に利用される必要がある。また，1つ1つの課題に取り組む際，何を解決するか，どこまでわかったか，どこがむずかしいか，うまく解けたかといった自分の学習プロセスに関する自己評価を適切に行うことが大切であり，それにはフィードバック情報の上手な利用を促す必要がある。

　フィードバック情報による効果を大きくするには，目標や計画を自ら設定し，予想をもって課題に向かう必要がある。計画段階から主体的に学習している子どもは，ほかから促されなくても自ら自己評価しようとする。これは予想がしっかりしているので，フィードバック情報に敏感になるためである。また敏感になるだけでなく，重要な情報を選ぶ力も大切である。

● メタ認知を促す

　学習の進行とともに、常に自分の学習をモニターすることが自己評価の大切なプロセスである。例えば、絵や字をかくというような結果が見える学習の場合は、自分の学習がうまくいっているかどうかがよくわかる。しかし抽象的・総合的な課題の場合は、教師が重要な点や気をつけるべき点を教え、子どもがモニターしやすいように配慮することが大切である。予想したり、モニターすることをメタ認知的活動とよぶが、子ども一人一人のやり方を大切にするとともに、教師がより有効な活動を助言して初めて可能な活動なのである。

　また、テストの結果などは、だれでも自ら振り返って評価しようとするが、課題の完了時など普段の場面ではこの自己評価があいまいになる。皆の前で発表するとか、学習の成果について教師と対話することなどが自己評価を促し、それを適切なものにする。

　学習が失敗だったと自己評価しても、何をどう学べばよいかという知識をもたない子どもは次の学習にこの自己評価を生かすことができない。学習を含めて認知の仕方に関する知識をメタ認知的知識とよぶが、これも日常の指導の中において教える必要がある。

● 短期的自己評価から長期的自己評価へ

　このような短期的自己評価の結果が蓄積されていくことによって、効力感や生き方などについての長期的自己評価がつくられていく。"自分にはどの程度の力があるのか"という自己評価は、かなり長期にわたってつくられるものである。しかし1つ1つの学習の自己評価と無関係ではなく、それらが積み重なっていくことによって、長期的自己評価が形成されていく。長期的自己評価は、子どもの自己認識に深く根ざしており、自分をどのようにとらえているかが問題である。"自分もやれるんだ"という実感を刺激したり、自分のよさを発見する機会をもたせる必要がある。子どもとの対話やカウンセリングを通して、長期的自己評価を上手にリードしていく指導が望まれる。適切な長期的自己評価が確立すると、ほかからの厳しい評価や批判があっても自分を見失うことがない。

第1章　学習評価とは

学習過程と自己評価

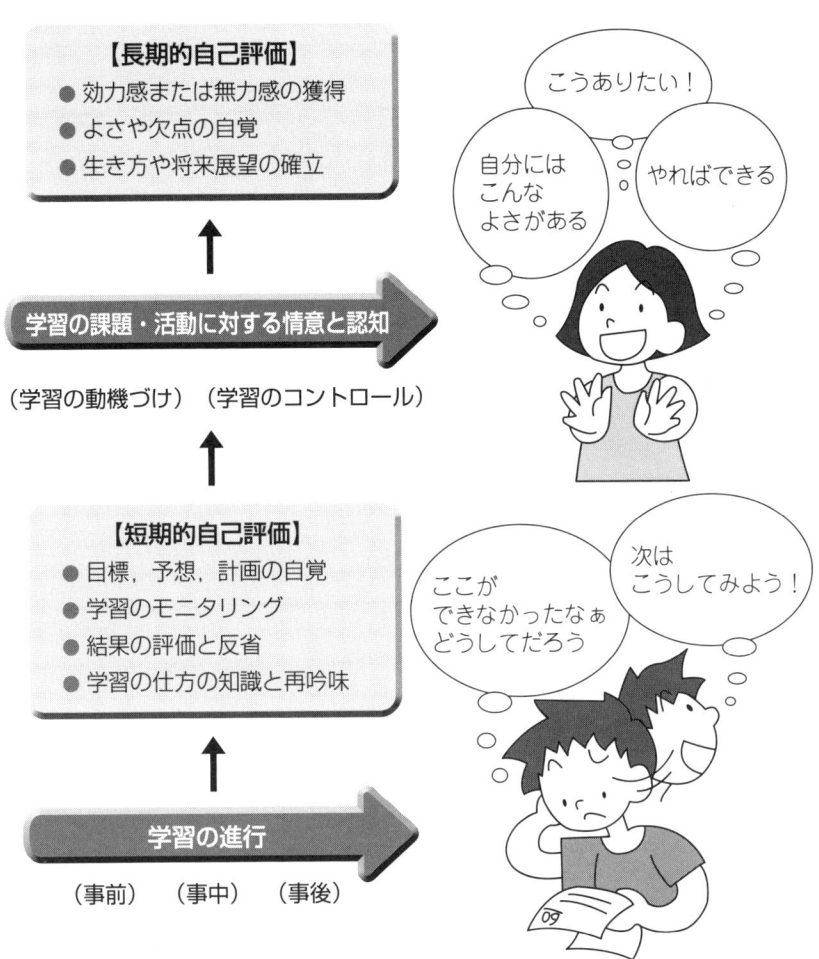

●図のように，学習の進行とともに行われる短期的自己評価が一般によく知られているが，子どもが年長になるにつれて，自分をどうとらえるかという長期的自己評価が重要になる。劣等感にとりつかれることなく，効力感やよさの自覚が得られるような自己評価を導く必要があり，それが動機づけを高め，自律的な学習をもたらす。

〈学習評価の類型〉

8 診断的評価,形成的評価,総括的評価

実施の時期と目的により3種類に分けられる。指導前にレディネスを調べる診断的評価,指導過程で学習状況をきめ細かくみる形成的評価,そして指導後に達成度をみる総括的評価である。

▶ 指導と評価は表裏一体

　評価は指導が終わってから行うものという誤解がある。指導と評価は表裏の関係にあり,両者は一体的に進むので,指導のいろいろな段階で評価が行われる。時期によって評価の役割や機能が異なるので,事前(診断的),事中(形成的),事後(総括的)に分けて,それぞれの評価の仕方を心得ておきたい(表を参照)。

　おおまかに述べると,指導の前には,どこまで学習ができそうかを把握し,指導の中では,つまずいていないかどうかをチェックし,指導の後では,全体としての達成状況を査定することがそれぞれの評価の役割であり,機能である。

▶ 診断的評価：どこまで学習ができそうか
● 基礎となる知識や技能が備わっているかどうかを調べる

　例えば,算数の計算で乗法を学ぶ際には,倍概念や累加計算の考えが身についていなければならない。このように系統性のある学習課題では,その学習の前提となる基礎をしっかり習得しているかどうかの事前診断が重要である。

● 子どもたちの生活経験を確かめておく

　例えば,野菜や果物の流通を社会科で学ぶ際に,子どもたちが生産地の様子や市場について,どれだけ体験的に知っているかが理解に影響する。したがってこの評価資料が教師の教え方や教材作成に大いに役立つのであ

3つの評価の特徴

時　期	名　称	特　徴
事　前	診断的評価	● 学習の可能性を評価する ● 学習の前提要因となる基礎的な知識・技能を対象とする ● 指導計画，クラス編成，班編制に役立てる ● 学習困難児については，学習方略や学習意欲の診断に重点をおく
事　中	形成的評価	● 学習の達成度を評価する ● 短期的に達成した項目ごとにチェックする ● 補充指導などに役立てる ● 小テスト，観察，作品点検など
事　後	総括的評価	● 学習の達成度を総合的に評価する ● 単元，学期，学年ごとの達成を総括する ● カリキュラム評価などに役立てる ● 総括の仕方を工夫する

る。

● **単元の指導計画を修正したり，グループの編成を工夫する**

学年の始めであればクラス編成にも利用できるが，多くの場合は単元の始めの利用になるであろう。子どもの実態を経験と勘だけに頼って判断するのではなく，できるだけしっかりとした診断的評価を利用したい。

● **学習困難児の指導**

学習困難児の指導においては，つまずきの原因となる学習の方略や意欲の特徴を診断する評価が決め手になる。文章を読むとき，重要な言葉に注目したり，要約するなどの方略が欠けていないか。計算での繰り上がりの仕方がわかっているかどうか。教師や友達の目を恐れ，勉強の面白さがわかっていないのではないか。このような点を的確に評価してから補充指導に入る必要がある。方略や意欲の診断に役立つテスト（例えば，自己向上支援検査 SET → P.95）もあるが，教師が個別に指導しながら評価する方法も大切である。

〈学習評価の類型〉 **8** 診断的評価,形式的評価,総括的評価

形成的評価:つまずいていないか
● **それまでの指導内容の習得・未習得をチェックする**
　教えたことをすべてチェックしようとすると煩雑になり,時間もかかりすぎる。重要なポイントを見落とさずにチェックするように心がけたい。そのためには,あらかじめ評価規・基準表をつくっておき,評価項目を頭において評価することである。
● **形成的評価のチェック技法**
　チェック技法には,小テスト(形成的テスト)のほかに観察法とチェックリスト法,作品などのパフォーマンスの点検などがある。小テストが一般的であるが,回数が多くなりすぎると授業の流れに悪影響を与える。教師の目によるチェックも活用し,無理のない形成的評価を心がけたい。
● **評価結果を指導に生かす**
　形成的評価の結果は,それに続く指導に直結させ,活用してこそ意義のある評価となる。次頁の図に,形成的評価とそれに続く指導の流れを示している。形成的評価①の場合は軽いチェックであったために,未習得の項目も少なく,一斉指導の中で十分に補充できる程度であったと仮定している。ところが形成的評価②の場合は,かなり深刻な結果が得られ,未習得者もかなりの数にのぼり,その程度も厳しい状況であることが判明した。そのため,未習得者だけで小グループをつくり,補充指導を行ったと仮定している。もちろん,ほかの子どもには学習した範囲の内容をさらに深める学習を行わせる(深化指導)。

総括的評価:どれだけ身についたか
● **総括の仕方は客観性と透明性の確保を**
　指導後の総括的評価は,その期間での学習を総合的に評価するものである。単元ごとに総括しておけば,期末の評価は比較的やりやすい。しかしそれでも単元評価からの総括や観点別評価からの総括の仕方をきちんと決めておくことが大切である。わかりやすい方式を学校レベルでよく協議して決めておくのがよい。また子どもや保護者にも理解を求めておくのが評価への信頼につながる。

（形成的評価と指導）

形成的評価① → 補充指導①(一斉) → 形成的評価② → 補充指導②／深化指導

まずまずOKだな

これではマズイ何とかしないと…

● **結果の活用を積極的に**
　これまでは，指導要録への記入と進学・転校の資料作成などが活用の主なものであった。しかし学校でのカリキュラム編成が課題になってくると，総括的評価は重要な判断資料を提供するであろう。総括的評価は形式的なものと受けとめられやすいが，学校レベルでの活用を積極的に行う必要がある。

● **運営・管理に役立つように**
　総括的評価は，学校という組織が，そこに学ぶ子どもや保護者に対する責任を明確にするために，どれだけの成果が上がったかを示すための評価である。また進学や転校に際して，それまでの学習の成果を証明したり，卒業後に就職などの証明資料として保存するための評価でもある。これらの目的を考えると，総括的評価の方法や記述の仕方を共通にし，指導要録の記載様式も統一することが必要である。

第2章
1年間の評価の仕事

1　各教科の年間評価スケジュール
2　年間指導・評価計画の作成
3　新学期の子ども理解
4　単元における評価の流れ
5　授業における評価の流れ
6　学期末の評価と評定
7　選択教科の評価（中学校）
8　学期末の通信簿の記入
9　学年末の指導要録の記入
10　調査書（内申書）と高校入試
11　評価に基づく授業改善
12　評価に基づく個別支援
13　子ども・保護者への説明責任

1 各教科の年間評価スケジュール

1年間の評価の仕事は，目の前の子どもをよく知ることから始まる。年間の評価スケジュールを頭に入れ，各単元の授業では，子どもが変容する過程をよく観察し，評価・評定に結びつける。

▶ 年間指導・評価計画をつくる

年間の指導計画は，前年度末に学習指導要領と使用する教科書をもとに作成する。そこで年間の評価計画も作成し，評価の時期や方法を決定する。

▶ 新学期に子どもの実態を把握する

授業を始める前に，子どもの実態をつかむ。学期当初は，時間的な制約から詳細までは把握しにくいが，教科についての興味・関心やおよその学力を調べることはできる。生活指導面を含め，特に配慮を要する子どもの様子も知っておく。

▶ 単元の指導・評価計画をつくる

学習評価は，基本的に各単元を単位にして行う。単元の指導前に，各教科の評価の観点について評価規準・評価基準を設定し，評価規・基準表として一覧にする。次に授業の実施計画を立て，学習指導過程を考案する。教材や学習形態，評価場面や評価方法についても具体化する。

▶ 授業では個々の子どもの学習状況を観察する

授業の立案では，まず本時の目標を明確にする。授業中は，指導と並行して，個々の子どもの学習状況を観察し記録に残す。それは子どもの学習のつまずきに対応する手がかりとなるとともに，単元の終了後に行う評価・評定の資料ともなる。

(評価の年間スケジュール)

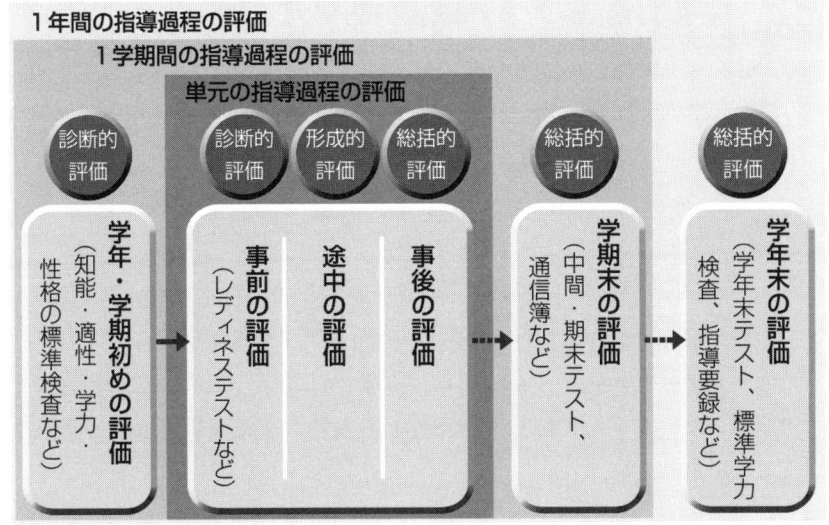

● 単元ごとに評価の区切りをつける

単元が終了すると，一人一人の観点別学習状況をまとめ，記録に残す。これをあらかじめ作成した評価基準に照らして評価する。その結果は，学期末に行う評価・評定の資料にする。

● 学期末に評価と評定を行い，通信簿に記入する

学期末には，観点別学習状況について観点ごとに総括する。次に，観点別評価の結果を教科の評定に総括する。総括の方法には，A，B，Cの出現パターンから導く方法，A，B，Cを得点化して合計する方法などがある。こうしてまとめた各教科の観点別評価と評定を通信簿に記入する。

● 学年末に指導要録に記入する

各教科の学習の記録は，学年末に指導要録に記録する。指導要録は，子どもの学籍や各教科の指導の過程・成果を要約して記録する公簿である。

2 年間指導・評価計画の作成

年間指導・評価計画は，学習指導要領や教科書をもとに，子どもの実態や前年度の反省を踏まえて作成する。単元ごとに評価の区切りをつけ，学期末・学年末に評価・評定を総括する。

▶ 学習内容と学習時期を明示した教育プログラム

年度当初に年間指導・評価計画を作成する目的は，1年間の学習内容と学習順序・時期を明らかにし，合理性と計画性に富んだ学習指導と評価を行うためである。

それは教師にとっては1年間の指導と評価計画を示した教育プログラムであり，子どもにとっては1年間の学習予定が示された学習プログラムである。本来，年間指導・評価計画は両者が共有して，学習と指導が行われるのが望ましい。

実務面からいえば，この年間指導・評価計画は前年度末，さらに正確にいえば3学期中に修正を加えて翌年度分を完成し，新年度が始まる前に一覧表にしておくことが求められる。

▶ 学習指導要領を確認する

年間指導・評価計画を立てる前に，学習指導要領に示された各教科の「目標」と「各学年の目標及び内容」を確認する。

学習指導要領は年間の単元構成の基準となり，各単元の指導内容や指導方法を考える手がかりになる。また観点別評価の基準になる。

▶ 教科書の単元構成を確認する

教科書の内容を分析して単元の配列や実施する時期を検討する。

「教科書を教える」ではなく「教科書で教える」のであるから，学習指

導要領と教科書にそいつつ，子どもと地域の実態に合った年間指導計画を作成する。

年間の単元構成の計画

年間の単元構成は学校として作成するのであり，校内でよく協議する。

これは教師にとっての指導計画であるが，対外的には公式の教育計画でもある。そこでは単元の目標だけでなく，学習内容や教材を含めて計画されることが望ましい。教科書との関係を明確にすることも大切である。

学期，月ごとの単元の実施計画

年間の指導計画は，学期計画，月間計画として具体化する。この単元の学習内容は季節に合っているか，学習期間は適切か，学校行事との兼ね合いに問題はないかなど，学校の年間スケジュールをみながら決定する。

単元ごとに評価を総括する時期，学期末の評価・評定の時期など，評価計画の作成も同時に行う。

単元ごとの評価のまとめ

学期，月ごとの単元実施計画が決まれば，単元ごとに評価を総括する時期が自動的に決まる。ただ，学級が複数ある場合や中学校では，他学級との調整が必要になる。学校または学年として，単元の評価を総括する時期をおよそ決めておくことは，評価の日程的な目安をもつだけでなく，円滑な学校・学年運営の立場からも必要である。

学期末の評価・評定

3学期制であれ2学期制であれ，学期末の評価・評定の時期は学校として決定されるので，各教科の学習評価もそれに合わせて行う。

通信簿への記載，個人懇談への準備，教科担任から学級担任への通知など，評価・評定にかかる学期末の日程は余裕がないことが多い。学期末の評価・評定の時期について，よく確認しておく。

2 年間指導・評価計画の作成

(年間指導計画の例1 中学校，第3学年「美術」一部抜粋)

月	単元・教材	時間	学習目標	主な学習内容	評価規準 関心・意欲・態度	評価規準 発想・構想	評価規準 表現技能	評価規準 鑑賞
4	〈鑑賞〉時代や社会の中へ	1	○ピカソの「ゲルニカ」をじっくり鑑賞し，作品に込められた作者の思いを想像するとともに独自の表現に対する自分なりの感想をもつ。	○何故白黒で描かれているのか，何故戦闘場面が描かれていないのかなどの素朴な疑問を大切にし，作者のメッセージを探る。	○ピカソの「ゲルニカ」の鑑賞を通して美術と時代や社会とのかかわりに関心をもち，意欲的に鑑賞活動に取り組むことができる。			○抽象的，非現実的な表現やモノクロームの色彩表現などの意味に気づき，社会や時代とのかかわりを考えながら鑑賞することができる。
5	〈絵・彫刻〉「スケッチの楽しみ」	2	○身近な対象をじっくり観察し，素直に感じ取ったよさや美しさをスケッチで表す。○自分なりの見方や感じ方を大切にしながら，形や色彩の特徴をとらえてスケッチをする。	○自分なりの見方や感じ方を大切にし，観察を深めて描く。	○スケッチに自ら継続的に楽しく取り組み，向上の喜びを味わい，基礎的技能を身につけようとする。	○自分の表現に合う材料を選んで描く。○自分の表現の意図や構想，表現方法などを自己確認し，よりよいものにしようと創意工夫する。	○形や色彩の特徴などをとらえ，自分なりの方法でスケッチする。	○鑑賞作品を味わうことで，豊かな表現のひろがりやそれぞれの作品の特徴を感じ取るとともに，友達の作品のよさを味わうことができる。
6	〈鑑賞〉デザインの発生と展開	1	○19世紀後半から20世紀末までに展開されたさまざまなデザインの様式や運動に目を向け，時代や社会とのかかわりを考えながら，歴史に残るデザインの魅力を味わう。	○参考資料を鑑賞しながら，デザインの発生や歴史的展開と，時代や社会的背景とのかかわりについて考える。	○歴史に残るデザインの魅力など関心を高め，それらを尊重し国際理解を深めようとする。			○文化や伝統として受け継がれてきた独自の美意識や創造的精神などについて理解し，ものの見方や感じ方を深める。
7	〈デザイン・工芸〉「メッセージとしての美術」「情報を伝える色や形」	9	○伝えたいことや主張したい内容や表し方を工夫してポスターに表現する。○効果的に伝えるための材料と形や色などについて考え，その使い方を工夫する。	○伝えたいことや主張したい内容や表し方を工夫してポスターに表現する。	○多様なものの見方をもって発想し，心豊かなデザインを創意工夫しようとする。○試行錯誤を通して自分らしい表現を創意工夫し創造しようとする。	○他者の発想や表現を知り，そのよさなどを生かして自分らしい多様な発想をする。○独創的・総合的なものの見方や考え方，自分らしい造形感覚の生かし方などをして豊かに発想し構想する。	○表現意図と表現方法や技法との適否，美しさなどを総合的に考えながら自分らしく創造的な工夫をして表現する。○伝達するための多様な表現方法を理解し，自分の伝えたい内容に合う方法を選択する。	○友達の作品のよさや工夫，作者の表現意図を味わうことができる。

年間指導計画の例2（神戸大学発達科学部附属住吉小学校，第5学年「理科」）一部抜粋 [1]

4月～7月

単元名　実のなる植物を育てよう	予定時間　16時間

〈自然事象への関心・意欲・態度〉
○植物の発芽や成長に必要な条件を関心をもって調べたり，調べたことをもとに，進んで実のなる植物を育てようとする。

〈科学的な思考〉
○植物の発芽や成長に必要な条件を調べるための実験方法を条件統一しながら考えることができる。
○花のつくりや受粉のしくみについて観察を通して考えることができる。

〈観察・実験の技能・表現〉
○植物の発芽や成長に必要な条件を自分の予想のもとに条件を変えて調べ，それぞれの違いをとらえて，記録にまとめることができる。
○花のつくりや種子の中に含まれる養分を観察や実験で調べたり，花粉の様子を顕微鏡などを使って観察し，記録したりすることができる。

〈自然事象についての知識・理解〉
○植物にはおしべやめしべがあり受粉すると種子ができること，種子の中の養分を使って発芽することがわかる。
○植物の発芽には水と空気，適当な温度が必要であること，成長には日光や肥料が必要であることがわかる。

6月～2月

単元名　5年気象庁を開設しよう	予定時間　10時間

〈自然事象への関心・意欲・態度〉
○1日の天気の様子や気温の変化を進んで観測したり，その要因について調べたりしようとする。
○自分たちの気象庁を開設することを通して，日常生活において気象情報を活用しようとする。

〈科学的な思考〉
○温度や湿度，風力などを調べ，その観測結果を天気や気温の変化と関係づけることができる。
○雲画像の連続の動きから，天気の変化や台風の進路を予想することができる。

〈観察・実験の技能・表現〉
○温度計や湿度計，風向風速計などを使って，観測することができる。
○ひまわりの雲画像などによる情報を収集し，予報に活用することができる。

〈自然事象についての知識・理解〉
○天気によって1日の気温の変化に違いがあることがわかる。
○雲の量によって天気は判断され，雲画像などを用いて天気の予報ができることがわかる。

7月～9月

単元名　動物の誕生図かんをつくろう ※この単元ではメダカまたは人を子どもが選択して学習する	予定時間　10時間

〈自然事象への関心・意欲・態度〉
○メダカの発生や成長，人の誕生の様子について関心をもち，進んで調べて，図鑑にまとめようとする。
○生命の連続性に気づき，生命を尊重しようとする。

〈科学的な思考〉
○稚魚がお腹のふくらみの栄養分を使って成長することと，インゲンマメの成長における子葉の役割と関連づけて考えることができる。
○昆虫に雌雄の違いがあったことから，メダカにも雌雄の違いがあり，体のつくりが違うことや，人と似ているところはないか考えることができる。

〈観察・実験の技能・表現〉
○メダカの発生の様子や，人の誕生の過程を本や映像資料などを活用して調べ，まとめることができる。

〈自然事象についての知識・理解〉
○メダカの雄と雌の体のつくりの違いがわかる。
○卵が稚魚になる発生過程や人が誕生する過程がわかる。
○生命は子孫に受け継がれ，連続していることがわかる。

引用文献　[1] 神戸大学発達科学部附属住吉小学校「指導計画集　生活を共にきりひらいていく子どもに」

3 新学期の子ども理解

> 年度初めには，指導要録や前担任からの引き継ぎで，できる限りの情報収集をする。いっぽうで，新学期が始まれば先入観をもたずに子どもを観察し理解する。

▶ 指導要録を確認する

　始業式までに，すべての子どもの指導要録に目を通しておく。「各教科の学習の記録」の評定からは全体的な学力レベルが，「観点別学習状況」からは観点ごとの学力の特徴が読み取れる。「総合所見及び指導上参考となる諸事項」や「出欠の記録」からは，その他の評価情報によって，一人一人のよさや問題点がわかる。

▶ 前担任からの引き継ぎは，特に気になる子を中心に

　前担任からの引き継ぎは，個人カードや一覧表などで行われる。学力や生活全般について，特に気になる子の様子を中心に聞く。子どもの個人情報は保護されねばならないし，誤った先入観で子どもに接してはならないが，一人一人に適切な教育的支援をするために必要な情報を収集する。

▶ その他，補助的な資料の活用

　家庭環境調査や保護者からの要望を文書で提出してもらうことがある。これらは主として学級担任が学級経営や生徒指導のために用いるが，学校に対する要望が書かれていることもある。必要に応じて，教科担任や学年教師も目を通しておく。

▶ 直接の観察から得る情報を大切にする

　子どもと直接出会うまでに得た個人情報は，間接情報である。子どもは

● 子どもは日々成長している
　間接情報に頼りすぎず，自分で感じた直接情報を大切にする

日々成長しているし，学級が変われば，それまでの行動がウソのように消えることもある。新学期は間接情報の確かさを見きわめる時期である。あるがままの子どもの姿を観察したり，対話や共同作業をしながら観察する。

学習の様子と生活の様子

　学習指導の一部に生徒指導があり，生徒指導の一部に学習指導がある。新学期には，授業場面での子どもの学習の様子と，休憩時や放課後などでの友達関係や生活の様子をよく観察する。

関心・意欲・態度を含めた学力の把握

　学習指導は，子どもの学力の正しい理解が前提になる。指導要録には，観点別に一人一人の学習状況が記されている。それらを正しく読み取り，各単元の指導では，4観点の能力が育つよう授業を工夫するとともに，単元ごとに一人一人の伸びを評価していく。

4 単元における評価の流れ

学習評価は単元ごとに区切りをつける。授業は，評価規・基準表に基づいて子ども一人一人の観点別学習状況をよく観察しながら進め，単元終了後は個々の学習状況を記録に残す。

● 単元の評価規準・評価基準の設定

評価規準は単元のねらい（目標）を観点別に細分化したもの，評価基準は評価規準への達成（到達）度を段階分けしたものである。これらは本来，新学期前に作成しておくが，少なくとも，単元の学習が始まる前に評価規・基準表として一覧にし，子どもや保護者に提示するのが望ましい。

● 単元前の診断的評価

単元の指導・評価計画を立てる前に，子どもの実態を把握する。子どもの学力を「関心・意欲・態度」「思考・判断」「技能・表現」「知識・理解」ととらえ，育てるには，それにそった子ども理解が必要になる。

そのため，前単元の終盤または前単元の終了と同時に診断的評価（診断テスト）を行い，その結果を個人プロフィールとして一覧にしておく。

● 単元の指導・評価計画の立案

評価規準・評価基準を作成し，子どもの実態が把握できたら，単元の指導と評価計画を立案する。そこで使用する教材や指導方法，学習形態も具体化し，評価規・基準表の中に書き込んでおく。

● 授業での学習状況の観察

授業の前に，単元のねらいにそった本時の目標を設定する。授業中は，指導と並行して一人一人をよく観察し，特徴的なことを記録に残す。これ

第2章 1年間の評価の仕事

単元末の総括の例 [1]

観点	関心・意欲・態度				思考・判断				技能・表現				知識・理解		
評価規準	工場についてわかったことや疑問をみつけようとする	自分の疑問をもって工場見学へ行こうとする	働く人の気持ちについてインタビューしようとする	総括的評価	工場の中の様子で調べたいことを決める	働く人たちの工夫や努力について課題をもつ	働く人の気持ちを考える	総括的評価	生産の様子について具体的に調べる	聞き取りや観察からわかったことをまとめる	調べてきたことを新聞にまとめる	総括的評価	工場で働く人の工夫や努力がわかり、そのような工場の生産活動が自分たちの生活とかかわっていることがわかる	工場の作業の様子や製品を作る様子がわかる	総括的評価
月日 氏名	6/10	6/12	6/18		6/12	6/14	6/20		6/13	6/18	6/25		6/14	6/20	
1　○○○○	C		C	C			B	C			B	C			B
2　○○○○					B	A		B		A		B			B
3　○○○○					B			B				B			B
4　○○○○	A	A	A	A	A	A	A	A	A	A	A	A	A	A	A

※3段階で評価。Bは記載せずAとCのチェックのみ

を後で行う評価・評定と学習支援に生かす。

単元途中に行う形成的評価

　形成的評価とは途中評価のことであり，単元の途中に2〜3回の中間的なテストや発表など（中間評価）を行って，その結果をみて教師は以後の指導計画の変更が必要かどうかを判断する。また個別支援の手がかりにする。

　形成的評価は，子どもにとっても学習の取り組みを振り返るきっかけになり，その後の学習に役立つことが期待される。

単元ごとの総括的評価

　単元が終わると，一人一人の観点別学習状況をまとめる。そこでは，あらかじめ作成した評価規・基準に照らして，授業の記録やテスト，レポート，その他の学習成果をもとに評価する。この単元ごとの総括的評価は，学期末の総括的な評価・評定に生かされる（上の表を参照）。

引用文献　[1]北尾倫彦ほか編『観点別評価実践事例集・小学校社会』図書文化，2003

5 授業における評価の流れ

> 授業前に本時の目標と評価規準・評価基準を確認する。授業中は，評価基準に照らして一人一人に目をやり，机間観察や個別支援をする。特徴的な学習状況をメモし，授業後に整理する。

▶ 本時の目標と評価規・基準，評価場面と方法を確認する

　授業前に，単元の指導計画や評価規・基準表また学習指導案を見直し，改めて本時の目標と単元の評価規・基準を確認する。

　その際，「関心・意欲・態度」「思考・判断」「技能・表現」「知識・理解」など，各観点ごとの評価規・基準をよく頭に入れる。

　特に本時と関係の深い観点を抽出し，授業前に，学習のどの場面で，どんな方法を用いて，どのように評価するかなど，ワークシート・チェックリスト，補助簿などの準備を整える。

▶ 子どもの実態を確認する

　単元の学習が始まる前に行った診断的評価で得られた子どもの個人プロフィールは授業で活用し，子どもの個別的な学習支援に生かしていくが，学習の進行と同時に，授業中に判明した新たな内容を書き加えながら修正を続ける。

　次の授業を行う際には，あらためて前時までに作成した個人プロフィールに目を通し，指導計画や個別支援の計画を立てる。

▶ 授業中は，評価規・基準に照らして子どもを観察する

　授業中は，子どもの指導と観察が並行する。その際，ただ漠然とではなく，単元の評価規・基準にそって観察する。

　教師からは「1時間にすべての子どものすべての観点を見られない」と

流れる水のはたらきを調べる（小学5年）

●評価規・基準に照らして子どもの様子を見とる

の声もあるが，保護者からは「子どもを見ないで授業ができるのか？」という厳しい反論がある。対応としては，評価基準のB段階をよく頭に入れ，授業中にAまたはC段階に該当する子どもがいないか観察する。

特徴的な学習状況を記録する

　授業中は，子どもの特徴的な学習状況をメモする。それは作業や実習，個別学習・グループ学習をしているときに可能であるが，無理なときは授業後でもよい。メモする余裕がまったくないときは，教師が一方的に教える授業になってしまっていないかを疑う。メモをうまくとるには，補助簿やメモ帳など，自分が使いやすい物を準備する。

授業後に学習状況を整理する

　授業後は，間をおかずにメモしたことを整理する。単元後の整理が煩雑にならないよう，簡潔にまとめる。

6 学期末の評価と評定

各単元で行った観点別評価を，各学校で申し合わせた手順にしたがって学期末に総括し，さらに評定へと総括する。その結果は保護者に渡す通信簿や学校に保管する指導要録に記載する。

▶ 観点別評価の総括

学期末の観点別評価の総括は，各単元の総括的評価がきちんと行われていることが前提になる。各観点の総括は，「ＡＢＡＡならＡ」「ＡＢＢＣならＢ」のようにＡ，Ｂ，Ｃのパターンから導く方法（表）や，Ａを3点，Ｂを2点，Ｃを1点などと得点化して総括する方法がある。

▶ 期末テストの観点別評価への組み入れ

期末テストの結果を観点別評価に組み入れるときは，前もって各観点の総括を行った後に再び総括する（表）。

その際，テスト項目を分析し，どの項目がどの観点に対応するかを明らかにする。観点ごとに得点を集計し，満点に対する割合でＡ，Ｂ，Ｃ判定をする。その結果を観点別評価に加えて，最終の総括をする。

▶ 観点別評価の評定への総括

観点別評価の結果は「評定」（3，2，1または5，4，3，2，1）に総括する。総括の仕方には，各観点のＡ，Ｂ，Ｃの出現パターンから導く方法，Ａ，Ｂ，Ｃを得点化する方法などがある。

● 観点別評価の結果だけから総括する

「ＡＡＡＡなら5」「ＡＢＢＣなら3」のように観点のＡ，Ｂ，Ｃの出現パターンによる方法がある。また，Ａ，Ｂ，Ｃを5，3，1点などと換算する方法もある。4観点が「Ａ，Ｂ，Ｃ，Ｃ」なら「5，3，1，1」となり，

学期末（学年末）の総括の例 ①

名　前	観　点	単元 1	2	3	4	5	単元集計総括	期末テスト	総括
○○○○	自然事象への関心・意欲・態度	A	A	A	A	B	① A		② A
	科学的な思考	B	B	A	C	C	B	C	C
	観察・実験の技能・表現	B	B	B	C	B	B	B	B
	自然事象についての知識・理解	B	C	B	C	C	C	C	C
	評　定						3		③ 3

① A，B，Cのパターンから，学期としての観点ごとの総括を導く
② 期末テストの結果を組み入れて，最終の総括を導く
③ 観点ごとのA，B，Cを5，3，1に換算して平均し，評定を算出する

平均は2.5点で四捨五入して3と算出する。
　その際，各観点に重みをつけることも考えられる。ただ，各観点の独立性を確保するには2倍を超える重みづけは好ましくない。
● **各単元のもとの評価資料を加えて総括する**
　学期末の評定では，それまでの学習について，もう一度子どもの姿を頭に思い浮かべたい場合もある。その際は，各単元の具体的評価目標の達成度をもう一度確かめて評定を導く。その場合，観点別評価の結果と照らし合わせて整合性を確かめる。
● **期末テストの結果を加算して総括する**
　中学校では期末・中間テストの結果を評定に反映させたい場合もある。それらを観点別評価を補う資料に用いたり，全単元の観点別評価を総括した結果に一定の割合で加算したりする。
　ただ，観点別評価が学習評価の基本であることに変わりはない。

引用文献　①北尾倫彦ほか編『観点別学習状況の新評価基準表・中学校理科』図書文化，2002

7 選択教科の評価（中学校）

中学校の選択教科では，観点別学習状況の評価と評定を行う。観点別学習状況の評価は各学校で定めた観点について行い，評定はＡ，Ｂ，Ｃの３段階で行う。

▶ 選択教科の評価・評定

選択教科では，課題学習，補充的な学習や発展的な学習など，生徒の特性に応じた多様な学習活動を行う。そして必修教科と同じように，評価規・基準を設定し評価する。観点別学習状況の評価では，各学校が選択教科の学習内容や学習活動にふさわしい観点を設定する。評定はＡ，Ｂ，Ｃ３段階の絶対評価で行う。

▶ 各学校が独自に設定した観点について評価する

選択教科では，生徒選択を基本にして，生徒の特性などに応じた多様な学習活動が展開できるよう観点を設定して指導する。そして，学習指導要領に示された各教科の目標を踏まえて各学校が独自に設定した観点について評価を行う。

▶ 評定はＡ，Ｂ，Ｃの３段階で

各教科の評定は，必修教科では学習指導要領の目標に照らした各教科別の実現の状況を，選択教科では教科の特性を考慮して各学校が設定した目標に照らした実現の状況を総括的に示すために行われる。

必修教科の評定は５，４，３，２，１の５段階で示されるが，選択教科ではＡ，Ｂ，Ｃの３段階で示される。Ａは「十分満足できると判断されるもの」，Ｂは「おおむね満足できると判断されるもの」，Ｃは「努力を要すると判断されるもの」である。

必修教科と選択教科の評価・評定の違い

各教科の学習の記録									
必修教科					選択教科				
Ⅰ 観点別学習状況					Ⅰ 観点別学習状況				
教科	観点＼学年	1	2	3	教科	観点＼学年	1	2	3
国語	国語への関心・意欲・態度	B	A	A	国語	自主的・主体的な学習態度		A	
	話す・聞く能力	B	B	B		課題・テーマ追求の能力		A	
	書く能力	B	B	B		成果を発表する力		B	
	読む能力	B	A	A					
	言語についての知識・理解・技能	C	B	B					
社会	社会的事象への関心・意欲・態度				社会	社会的事象への関心			A
	社会的な思考・判断					課題発見			
	資料活用の技能・表現					課題追求			
	社会的事象についての知識・理解	C	A	A		プレゼンテーション能力			A

【必修教科】
教科の観点ごとに
A，B，Cで評価

【選択教科】
学校が定めた
観点ごとに
A，B，Cで評価

Ⅱ 評定										教科＼学年	数学	社会
教科＼学年	国語	社会	数学	理科	音楽	美術	保健体育	技術家庭	外国語			
1	4	5	3	3	4	3	4	3	3	1	A	
2	3	4								2	A	A
3	3	4								3	B	A

【必修教科】
評定は
5，4，3，2，1の5段階

【選択教科】
評定は
A，B，Cの3段階

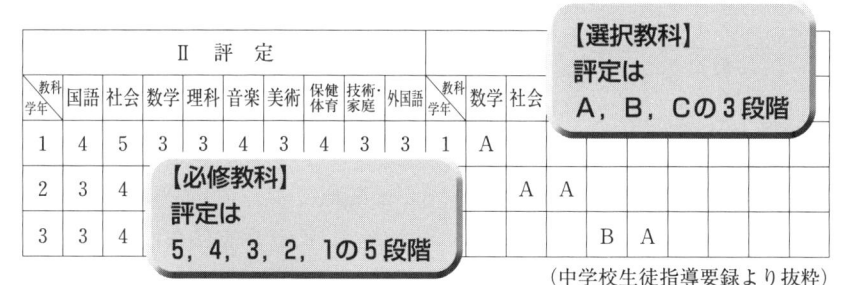

（中学校生徒指導要録より抜粋）

選択教科も観点ごとの評価基準に照らして絶対評価するんだね

8 学期末の通信簿の記入

> 通信簿は、学校から保護者に渡す子どもの学習と生活の記録である。親子ともに期待と不安をもって受け取る通信簿だから、内容の信頼性とともに教育的配慮に満ちた記述を心がける。

● 通信簿は、子どもの学習と生活の様子を記した記録

通信簿は、学校が保護者に伝える子どもの学習と生活の様子を記した記録である。各学校では「通信簿」以外にも「あゆみ」「あしあと」などの名称をつけて保護者に渡している。

保護者は、通信簿によって学校での子どもの学習や生活の概要だけでなく、今後の取り組みや努力の方向性を知ることができる。

通信簿は、実際上は学級担任が資料をもとにして作成するが、学校として発行するものであるから、学年主任や校長などの点検を受け、表記上の間違いや誤解を受ける表現にならないよう配慮しなければならない。

● 各教科の評価・評定を記入する

各単元で行った観点別評価の結果を、学期として総括して記入する。その場合、A、B、Cのパターンから導く方法、それらを得点化して総括する方法、期末テストの結果を組み入れる方法などがある。

各教科の評定は小学校第3学年以上で行う。小学校では3、2、1の3段階、中学校では5、4、3、2、1の5段階で表す。観点別学習状況の評価から評定への総括は、各観点のA、B、Cの出現パターンによる方法、もとの評価資料から総括する方法、観点別学習状況の評価と期末テストを用いる方法などがある。

中学校の選択教科では、観点別学習状況の評価と評定を行う。観点別評価は各学校で観点項目を定め、評定はA、B、Cの3段階で示す。

- 手渡すときには励ましのひとことを
- 親も子も，もらってうれしい通信簿でありたい

▶ 総合的な学習の時間の記録は個人内評価を基本に

　総合的な学習の時間の記録は，各学校が定めた評価の観点について，学習場面でみられた子どもの顕著な特徴を書く。個人内評価の観点から，子どものよい点や進歩の状況などを文章で記述する。わかりやすい言葉で，子どものよい点を強調しつつ，結果よりも過程を重視して表現する。

▶ 所見は子どもの発達を総合的にとらえて記述する

　所見欄には，通信簿に設けられた各教科の観点別学習状況や評定，総合的な学習の時間などの欄以外の事項について記述する。
　所見の記入は，子どもの発達の状況を学級担任が総合的にとらえ，保護者や本人に伝える教育活動である。この欄には，学級担任の教育観や子どもの見方が顕著に現れる。学級担任として教育的配慮に満ちた所見となるよう心がける。

9 学年末の指導要録の記入

> 指導要録は，学籍や各教科などの指導の過程や結果などを記録する公簿であり，教師の指導に役立てたり，外部に対して証明したりする原簿である。記載内容には客観性が求められる。

▶ 指導要録は学校に保管する公簿

　指導要録は，学籍や各教科などの指導の過程や結果などを記録し，指導に役立てたり，外部に対して証明を行ったりするための公簿である。

　作成の責任者は校長であり，学級担任が年度末までに作成し校長の確認を受ける。「学籍に関する記録」は20年間，「指導に関する記録」は5年間，学校が保存する。

▶ 「各教科の学習の記録」の記入

- **観点別学習状況**

　各教科の目標に照らして実現状況をみる評価（絶対評価）を重視する立場から，各教科に定められた観点について実現の状況を3段階で評価する。

- **評　定**

　評定は，観点別学習状況の評価を補完する性格をもち，学習指導要領に示す目標に照らしてその実現状況を表す。小学校では第3学年以上で3段階，中学校では必修教科は5段階，選択教科は3段階で記入する。

　評定は教科を総括的に評価するものであり，観点別学習状況で行われた分析的な評価を基本的な要素として数値化する。

▶ 「総合所見及び指導上参考となる諸事項」の記入

　この欄は，次の事項について記載する。

　①各教科や総合的な学習の時間の学習に関する所見，②特別活動に関す

> **指導要録記入上の注意**
> ① 常用漢字および現代かなづかいで，楷書で正確に書く
> ② 黒インクを用いる。不鮮明なものや変色するものは使わない
> ③ 記入事項を変更する場合は，２本線を引き，変更前の部分が読み取れるようにする
> ④ 誤記は訂正し，認印を押す

指導要録は子どもの個人情報を含む大切な公簿だよ

取扱いには十分注意しよう

る事実および所見，③行動に関する所見，④進路指導に関する事項，⑤生徒の特徴・特技，学校内外における奉仕活動，表彰を受けた行為や活動，知能，学力等について標準化された検査の結果など，指導上参考となる諸事項，⑥生徒の成長の状況にかかわる総合的な所見

　子どもの優れている点や長所，進歩の状況などを取り上げることを基本として，努力を要する点などについても，特に必要があれば記入する。

　学級・学年など集団の中での相対的な位置づけに関する情報についても，必要に応じて記入する。

指導要録の開示の取扱い

　指導要録は，開示に際して，個々の記載内容，特に文章で記述する部分について，評価の公正や客観性の確保，本人に対する教育上の影響の問題が発生する。具体的な開示の取扱いは，様式や記載事項などを決定する権限のある教育委員会などにおいて，それぞれの事案に応じて判断される。

参考文献　熱海則夫ほか編『平成13年改訂 新指導要録の記入例と用語例（小中別）』図書文化，2001

10 調査書（内申書）と高校入試

高校入試の調査書（内申書）は，中学校での学習と生活の記録を記した書類である。指導要録などに基づき厳正かつ客観的に記入する。各都道府県が定めた書式にそって記載する。

▶ 高校入試と調査書の役割

調査書は中学校における学習と生活の記録を記した書類であり，基本的に生徒指導要録などの内容を転記する。実際上の作成は学級担任が行い，校長が記載事項に誤りのないことを確認したうえで，受験する高校に提出する。

高校入試の合否判定で調査書がどのように取り扱われるか，内申点をどのように算出するかについては，各都道府県が作成する入学者選抜要綱に示されている。

▶ 調査書に記載される事項

調査書に記載される事項は，都道府県により異なっている。基本的には，氏名，生年月日，学歴のほかに，各教科の学習の記録，総合的な学習の時間の記録，出欠の記録，生徒会・委員会・部活動などの特別活動の記録，学校外における活動の成果，ボランティア活動の記録などが記載される。

▶ 調査書を作成するときの留意点

調査書を作成するため，校内に校長，教頭，学年主任および学級担任その他必要な教師によって組織する調査書作成委員会を設け，学校として厳正かつ客観的な書類を作成する。

調査書には，記載欄にもれなく正確に記入するだけでなく，特記事項欄には，指導要録の「各教科の学習の記録」に照らした「観点別学習状況」

●調査書は，高校入試の合否判定の資料となる

の評価等における顕著な事項，成績の変動の特に著しい場合の特記事項，特に優れている教科についての特記事項などを記載する。

調査書と開示請求

　指導要録と同様，高校入試における調査書の開示も全国的な動きである。個人情報保護法および個人情報保護条例の趣旨からみれば，全面開示の動きは今後も広がるであろう。

　高校入試における調査書開示は，生徒・保護者にとっては「各教科の学習の記録」などが調査書に正しく反映されているか確かめる制度である。それに加えて，自分の評価について正しい情報をもちながら入試に臨むことができる。

　中学校では，調査書の開示請求に耐えられるよう，教師が厳正を期すとともに，学校としての組織的な取り組みが必要である。

11 評価に基づく授業改善

学習評価の情報は,子どもにフィードバックするだけでなく,教師自身の指導を振り返り,授業を改善するために役立てる。それぞれの学習段階で行う評価の目的を踏まえて指導に生かす。

▶ 評価を授業の改善に生かす

　評価に基づく授業改善とは,単元の指導途中でテストなどをして子どもの学習評価をした結果を,その後の授業展開に生かしていくことである。

　授業が当初の計画どおりの成果をあげていないならば,繰り返し指導や補充的な学習を行う。教師が期待した以上の学習成果をあげているならば,さらに発展的な学習へと移ることも可能である。

▶ 指導目標と評価規準の具体化

　授業改善は,単元の指導目標を具体化することから始まる。それにより教材が変わり,学ばせ方が変わり,評価法が変わる。最終的には個別支援のあり方が変わる。

　指導目標と評価規準は表裏一体である。それは子どもの達成状況が判定できる水準にまで具体化される必要がある。

　評価規準への達成状況をA,B,Cと段階分けしたものが評価基準である。これは,指導計画の立案時に評価規準と一緒に作成する。

▶ 診断的評価による子どもの実態把握

　単元の指導前に子どもの実態を把握する。これは診断的評価であり,単元の学習内容について子どものレディネスを調査する。観点別評価の観点にそって,子どもの「関心・意欲・態度」「思考・判断」「技能・表現」「知識・理解」の状況を把握する。

形成的評価に基づく授業修正と個別的支援

 形成的評価は，指導の途中段階で行う評価のことであり，指導と評価の一体化に不可欠である。
 評価には，ペーパーテストや実技テストなどのフォーマルな評価と，授業中の机間指導や対話などによるインフォーマルな評価がある。指導者は両方を組み合わせて実施する。そこで得られた結果は，その後の授業展開を修正したり，子どもを個別的に指導する資料として活用する。

総括的評価を生かした授業の手直し

 総括的評価は，指導後に実施するまとめの評価である。それは指導の成果を評価・評定する機能をあわせもっている。子どもの達成状況がよければ指導がよかった，よくなければ指導に問題があった可能性が高い。
 よくなかった場合には，指導方法の変更や，補充的な指導を行うなど，授業の進め方を手直しする必要がある。

12 評価に基づく個別支援

> 個人差に対応するためには指導目標と評価規準を公開し，習得すべき基礎・基本を明確にする。子どもの実態を個人プロフィールにまとめ，一人一人に合わせて支援する。

▶ 評価に基づいて子どもの個人差に対応する

　形成的評価などで，単元途中に学習評価を行うと，評価規準のBに達しない「努力を要する」段階の子どもが現れる。この場合には，補充的な学習をする必要が生まれる。また，「おおむね満足」「十分満足」の場合にも，さらに発展的な学習ができる支援が求められる。

　現在求められている個人差への対応とは，学習が停滞している子どもにも，学習が進んでいる子どもにも対応できる個別支援である。

▶ 指導目標と評価規準の公開

　単元の指導目標と評価規準を明確にし，子どもや保護者に公開することが個人差に対応する学習指導の始まりである。

　そのため，子どもが習得すべき最低限の基準，つまり基礎・基本を明確にする。

▶ 個人プロフィールの作成

　単元が始まる前に，単元の学習内容についての興味・関心，知識，技能などについて調査やテストなどを行って子どもの実態を調べ，それらを学級の子どもたち全員について一覧にした個人プロフィールとしてまとめる。それによって観点別学習状況の観点についての一人一人の特性を把握し，学習支援の手がかりにする。

　また，指導途中で観察・指導の記録を書き加え，以降の指導資料にする。

●学習が停滞している子にも，進んでいる子にも，個別支援が必要

🔵 単元途中における形成的評価

　個別支援は，それに先立つ学習の状況の把握があってこそ可能になる。
　単元が進行している間，いつも単元の指導目標と評価規準を念頭におき，形成的評価の視点から子どもの学習状況を把握する必要がある。

🔵 子どもの実態に応じた個別支援

　単元が進行している間は，単元の指導目標と評価規準を念頭において指導する。C段階にとどまったりA段階に達したりする子どもがみられたら，個別指導が必要かどうか，指導の修正が必要かどうか判断する。

🔵 補充的学習・発展的学習のコース設定

　個別支援は，基礎・基本を身につける補充的学習だけでなく，進んだ子どもの発展的学習のためにも必要である。そこでは補充的学習コースや発展的学習コースの設定，教材の準備，指導体制の整備を行う。

⓭ 子ども・保護者への説明責任

絶対評価では，教師の説明責任を果たす評価・評定の根拠，指導記録の裏づけが求められる。日ごろから指導記録や補助簿を整備し，評価の客観性を高める努力が必要になる。

▶ 評価・評定の経緯と結果をわかりやすく伝える

評価・評定における説明責任とは，その期間に行った学習指導の内容や過程と，どのような評価規・基準や資料に基づいて評価・評定を行ったかを子どもや保護者にわかりやすく伝える責任のことである。

その際には，評価規・基準表を用いて学習の目標や内容，また評価の方法についてもチェックリストや補助簿などを利用しながら説明する。

大切なことは，それによって，子どもが以後の学習に取り組む方向性や手段が明らかになることである。

▶ 相対評価では表面化しなかった説明責任

相対評価では，ほかの子どもとの相対的な比較によって成績をつけていたため，教師は評価規・基準をもたなくても評価・評定をすることが可能であった。それは，結果として，指導者の指導目標のあいまいさや指導結果の責任を回避する性格をもっていた。

また，成績を受け取る子どもや保護者は，ほかの子どもと比較した成績はある程度予想できるため，特別な場合を除いて，疑問や反論を学校にもち込むことはほとんどなかった。

▶ 絶対評価が説明責任を果たす条件

絶対評価に客観性と信頼性があり，説明責任を果たせるためには次の条件が必要である。

●子どもや保護者が納得できる合理的な説明を

- **子どもの達成（到達）目標が明確である**
    ・各単元の達成目標を具体化し，できるだけ目標行動で記述する。
- **評価規準と評価基準が提示されている**
    ・評価規・基準表の中で評価規準と評価基準を示す。
- **評価・評定の根拠となるデータが開示できる**
    ・指導記録や補助簿を準備しておく。

教師の説明責任，校長の管理責任

　絶対評価における教師の説明責任は，社会的な要求である。その際，評価・評定の第一義的な説明責任は担当の教師にある。子どもを教える教師は，自分が行った指導と評価・評定について説明する。

　もし，教師が子どもや保護者を納得させる合理的説明ができないならば，校長が学校管理職として該当の教師に責任ある指導をしなければならない。

　教師には説明責任が，校長には管理責任が問われる。

第3章

評価資料
収集の技術

- 1 ルーブリック
- 2 行動観察
- 3 作品・表現
- 4 自己評価
- 5 相互評価
- 6 ポートフォリオ
- 7 教師の言葉かけ
- 8 ペーパーテスト(教師自作テスト)
- 9 補助簿
- 10 標準学力検査
- 11 その他の諸検査(適応性検査)

1 ルーブリック

> ルーブリックとは，学びの質的レベルを段階に分けて記述した表であり，判断力，表現力，問題解決などの技能や能力，さらに実技教科の実演や作品などの評価で使われる。

▶ リテラシーとルーブリック

　ルーブリックは，目標準拠評価（いわゆる絶対評価）の導入に伴って，"子どもが頑張った"とか"目が輝いた"という現れや一部の学習物のみで主観的に評価しがちであった思考・判断や表現を，より客観的に評価する道具として注目されるようになった。

　しかし，ルーブリックが広く知られ，その重要性が認識されるようになったのは，経済協力開発機構（OECD）の子どもの総合的な学力を測定する学習到達度調査（PISA）からである。

　経済協力開発機構が2003年に実施したPISAの結果によれば，わが国の15歳の子どもは，数学や科学のリテラシーについては，依然として世界のトップレベルにとどまっているが，読解のリテラシーが参加41カ国・地域の平均近くにまで落ち込んでいるということが明らかになった。

　このテストにいう"リテラシー"とは，単に知っているだけでなくその"使い方"や"使える力"を指すものである。例えば，読解リテラシーの問題では，落書きについての賛否両論の意見を読ませて，どちらの意見に同意するか，あるいはその他の考え方をとるかということを根拠づけて適切な結論に導くことを求めている。読んで内容を把握するだけでなく，いかに判断するのかという力を問うているのである。つまり，答えはオープンエンドであって，判断力や表現力など複雑で高次の思考を問うているのである。

　そして，このような知識や技能を応用して問題解決をしたり，意思決定

をしたりするような問題を採点するために使われるのがルーブリックであるが、ときにはルーブリックを子どもに事前に示して、学習のめあてとして活用することもある。

▶ 全体的ルーブリックと分析的ルーブリック

ルーブリックには、P.64の掃除のルーブリックのように、多様な質的特徴を列挙して、全体的に基準を表した"全体的ルーブリック"と、P.65のレポートのルーブリックのように、複数の観点について、それぞれ質的特徴を示した"分析的ルーブリック"がある。

前者は採点しやすいが、評価規準ごとの成否を識別できにくいという欠点がある。後者は、学びの長所や短所がどこにあるのかということがわかるが、採点に時間がかかるという欠点がある。単元の性格や採点の負担などを考えて、どちらかを選ぶことになろう。取り上げる内容が比較的単純な場合には全体的ルーブリックを、異質の評価規準が混じり合って複雑な場合には分析的ルーブリックを使うとよい。

▶ 課題特定的ルーブリックと一般的ルーブリック

特定の単元で用いる課題にのみ使うことができる"課題特定的ルーブリック"と、討論やプレゼンテーションやレポートなどのように、どの課題でも使える"一般的ルーブリック"がある。

前者は、作成が簡単で評価の精度も高いが、特定の課題でしか使えない。後者は、同様の活動に使えるという汎用性に富むが、作成に労力を要する。アメリカでは、一般的ルーブリックがHPで公開されているので、それを利用することもできる。

▶ 教師だけでなく、子どももルーブリックを使えるように

同じ活動なら繰り返し使える一般的なルーブリックは、子どもも比較的理解しやすい。繰り返し使うからであり、これまでの評価に使ったサンプルがあるからである。このように、子どももルーブリックを使いこなせるようになると、子ども自らの学びを評価し、次の学びに生かすことができ

1 ルーブリック

るようになる。

ルーブリックのつくり方

「ルーブリックとは何か」ということをわかってもらうための教師向けワークショップで,「私の教室は百点満点」というものがある。まず,次のような情景を想定するところから始める。

> 掃除の後,職員室から先生が教室を見に来て,「オーケー,百点満点!」と言いました。そのとき,教室は,どのようになっていたのでしょうか?
> 掃除が百点満点の様子を箇条書きで4つ書きなさい。

このようにして参加者に箇条書きで書いてもらうと,(a)ゴミが1つも落ちていない,(b)机がきちんと並べられている,(c)黒板がきれいに消されている,(d)用具の片づけができている,などが必ず挙げられる。

次に,(a)から(d)までのうち「これがなければ掃除とはいえないというものはどれか」と尋ねると,大抵は(a)ということになる。そして,「次に必要なものは何か」と尋ねると,(b)から(d)までのうちの2つ程度ということになる。こうして,掃除についての次のようなルーブリックができる。

十 分	ほぼ十分	努力を要す
(a)+(b)+(c)+(d)	(a)+(b)(c)(d)から2つ	(a)

ちなみに,子どもたちに百点満点の条件を書いてもらっても,やはり(a)から(d)が出てくる。掃除が百点満点の様子を子どももイメージしているから,自ら掃除をして,評価して,先生を呼びに行くことができるのである。

以上からわかるように,ルーブリックをつくるには,学びの最終結果をイメージしたり,子どもがつくった作品のうち優れたものと劣ったものを比べて,そこから評価規準を抽出して,差別化できる文章記述をして,表にすることである。

(レポートのルーブリック（中学生向け）)

	これは，採点以前のことで，問題外です。 □ 求めている書く量を満たしていない。□ 期限内に提出できない。 □ その他［　　　　　　　　　　　　　］	
	自分の意見や考え	資料の使い方
F	□何について書いているのか，わからない □読み手に内容をわかってもらおうとしない（例：字が汚い，誤字・脱字が多い，改行していない）	□資料の引用がない（使った資料は，出典とページを示していなければ，証拠とならない） □資料と考察が結びつけられていない
E	□自分の意見や考えについて，単なる感想や気づきを述べているだけである	□一つの資料を，自分の意見として切り貼り（丸写し）していて，論理性が低い
D	□始めになぜそう考えたのかを述べ，次にそれを確かめようとするが，説明に無理があったり，単なる説明になっている	□複数の資料を使っているが，つなぎ合わせて自分の意見としているだけで，論理性は低いままである
C	□始めになぜそう考えたのかを述べ，次にその確かめをして，最後にまとめているが，読み手に疑問が残る	□考察の根拠として使った資料は，単なるまとめであったり，資料に反発しているだけである
B	□☆説得力たっぷりに結論を裏づけているだけでなく，結論への反論も考えて，それに対する再反論までしていて，読み手に疑問が残らない	□★資料の分析（資料が正しいかどうかを検討したり，複数の資料を比較・関連づけることなど）したものを，適切に使っていて，論理性が高い
A	□（Bの☆★を満たしたうえに）読み手が「ほんとうだなあ」と強く感じるほど，理由の説明が正確で，くわしくなされていて，「面白い」「なるほど」「はっとする」ような内容になっている	

ルーブリックの実際

　上のレポートのルーブリックは，「自分の意見や考え」「資料の使い方」の2つの評価規準について，それぞれ学びの質的レベルを段階的に分けて記述したもので，基本的には分析的ルーブリックである。しかし，もっとも高いAレベルでは，全体的ルーブリックの考え方を採用しており，その点においてユニークである。とはいえ，レポートにしても「面白い」と思ったり，「なるほど」と納得したり，「はっとする」ときには，このように味わって鑑賞する評価に至るのではないだろうか。

　一番上の欄のレポートの量や提出期限などは，○×のチェックシートとして評価するようになっているが，通常はこのような別欄を設けることはない。ただし，こうした基本的要件の欄を入れたほうが，学び手にとっても，前提としてどのようなことが求められているかということがわかって，使い勝手がよい。

❷ 行動観察

特定の行動に注目して観察し，その頻度を記録する方法と，長期にわたる行動を観察して逸話的に記録していく方法がある。両方の長短所を踏まえてバランスよく用いることである。

▶ どのような行動を観察するかを決め，頻度を記録する

　何事も漠然と見ているだけでは，単なる感想にとどまって，そこから何かを学んだり，導き出したりはできない。特定の言語的，非言語的行動に注目して観察し，チェックリストなどを用いてその頻度を記録すると，全体的な傾向性もわかってくる。

　期待した行動が起こると，その行動が常に（または頻繁に）起こると判断しがちになる。しかし，別の場面では異なる行動を起こすということも珍しくない。得意や不得意，慣れた場面と慣れていない場面など条件が違えば，異なる反応をすることもある。したがって，さまざまな場面や機会をとらえて観察を繰り返し，評価の信頼性を高める必要がある。

▶ 抽出児について長期的に観察した逸話記録を生かす

　わが国では，戦後の授業研究の過程において"座席表"などの形で子どもたちの学びの過程を丹念に記録し，そこから抽出した気になる子どもを中心に，授業中および授業外を問わず丹念に観察して，カルテのような逸話記録にまとめ，その子どもを位置づけて授業づくりを行う実践が行われてきた。しかし，この逸話記録だけでは，全体的な様子が把握できない。

　他方，アメリカでは，前述の頻度を記録する方法がしばしば採用されたが，その場合は子ども一人一人の重要な側面を見逃すという欠点があった。そして，それを補うために，一人一人の学びを長期的に追跡した逸話記録が重要視されるようになってきた。

> **次の事柄は"事実"ですか"解釈"ですか ①**
> （答えはP.69欄外）
> 1. 学級は混乱していて，統制されていない。
> 2. 生徒の75%は，座席を離れて，その課題に取り組んでいなかった。
> 3. 教師は，授業時間の大部分を教室前半分の位置から生徒に話していた。
> 4. 教師は，男の生徒より女の生徒のほうが好きそうだ。
> 5. 生徒は，授業に退屈で，面白くもなさそうだった。
> 6. 5人の生徒は，教師の講義中ずっと頭を下にしていた。
> 7. すべての生徒は，日誌を書いていた。
> 8. 生徒たちは，この社会科授業の目標をわかっていなかった。
> 9. 教師は，自分の教科の進め方について公正で一貫していた。
> 10. 教師は教室のあちらこちらを回ったが，生徒は小集団で学習していた。

解釈には"裏づけ"が必要

　要するに，特定の行動の頻度記録と逸話記録とのバランスを保つことが大切ということである。

事実と解釈を区別し，解釈については裏付けをとる

　授業を見て記録をする場合，教師の発言と子どもの発言を時系列に並べることがある。そこに記したのは，発言内容の"事実"である。また，授業中，盛んに手を挙げるＸ君の様子を見て，「積極的だ」とか「クラスをリードしている」とか感想を記すこともあるだろう。これはＸ君の発言や非言語的な行動から判断した"解釈"である。

　ここで大切なことは，前者の事実と後者の解釈を区別することである。後者の解釈はハテナ（？）と印を付けるなどしておいて，それが妥当かどうかを子ども本人や友人や同僚などに尋ねたり，これまでの学習物や逸話記録などで裏付けることである。

2 行動観察

行動観察の実際

　行動観察においては，特定の行動の生起を下表のようなチェックリストに記入し，後でその頻度から解釈して評価に用いる。

チェックリストの例

観点＼生徒名	A	B	C	D	…
よく計画工夫する	✓		✓		
よく意見を述べる	✓	✓			
自分の責任を果たす	✓		✓	✓	
ひとと協力する		✓		✓	
批判的である	✓		✓		

　また，学級やグループでの活動を記録する方法として，下図のような座席表を用いる方法もある。教室の座席に名前を書いて，一人一人の子どもの発言の相互作用の様子を矢印で示す方法である。例えば，下図では，Hが2回，AとBとFがそれぞれ1回発言している。発言回数だけでなく認知面や人間関係にまで目を向けるきっかけにもなる。

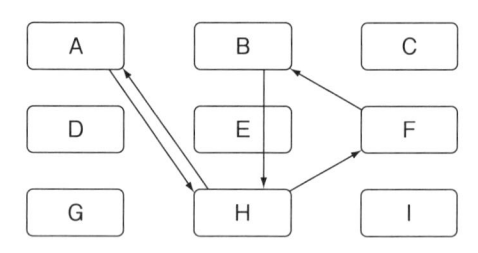

● 見取り評価の実際

　わが国で長年使われてきた観察法がアメリカの行動観察法と決定的に違うのは，学びについて観察された意外な事実や子どものつぶやきから，子どもの内面における変化や特徴を見取って書いている点である。この見取り評価においては，まず事実に基づいて内面を推測することである。

教師は，毎時間，子どもの学びについて気づいたことを記号や単語で短く書き残しておく。1時間で2つか3つしか書けないときもあるが，それを1週間くらい続けると，学級のどの子どもについても内面の特徴の気づきが記されるようになる。2か月続ければ，どの子どもにも4つや5つの気づきが書かれていよう。

　そして，特定の気になっている子どもについて，2か月程度のメモを時系列に並べてみると，その子の特性や学びや行動の変容が浮かび上がって，見えてくる。

　この段階になると，事実のみを記すのではなく，「～だろうか？」という解釈を込めたその時々の教師の思いも疑問形でメモしておく。そのような解釈は，時系列に並べると，「確かにそうだ」と納得できるかもしれないし，ときには本人にさりげなく聞いたり，保護者や友達や同僚教師とのやりとりの中で「違った，こんな面もあった」とか「そんな意味もあったのか」と思い直すこともあろう。そのようにして子どものリアルな姿に迫っていくのである。

　しかも，このような見取り評価を実践している教師の中には，子どもの学びを見取って評価するだけでなく，特定の子どもをターゲットにして授業づくりに位置づけ，授業実践を通してその子どもに働きかけて変容を図るという方法をとっている人もいる。これは，教師自身による一人一人の子どもに対する見取りのあり方が授業実践において確かどうかということが検証される点で，厳しい教員研修の機会であるともいえよう。その意味で，見取り評価は，教師の自己改革の場でもある。

　見取り評価は，子ども一人一人を部分的または全体的にとらえることであり，当て推量ではなく，子どもの言葉やビジュアルな，あるいは行動的な表現形式で表された事実から子どもの内面の世界を共感しながら，読み取ることが大切である。

　このように定義すると，見取り評価は，行動観察だけでなく作品・表現や自己評価・相互評価なども含む総合的な評価法ともいえるが，教師個人の見取りに閉ざされがちとなり，主観的になりがちであるので，同僚教師やときには子ども本人にも開かれた見取り評価になるようにしたい。

引用文献　①Gordon, S. et. al. Improving Instruction through Observation and Feedback：Facilitator's, Guide, Association for Supervision and Curriculum Development, 2002.
　　　　　　P.67の問題の答は，事実が2，3，6，7，10で，他は解釈である。

3 作品・表現

作品制作や表現活動は，課題を明確に指示すると同時に，自由度を高めて時間的余裕も与える。最終結果だけでなく過程にも目を向け，複数の評価方法を併用しながら共感的に評価する。

教師の思い込みだけで評価しない

作品や表現は答えがオープンエンドなので，教師は自分の思い込みだけで評価することは避けたい。子どもの自己評価や相互評価の結果も参考にして，共同で制作したり表現したものを評価するとともに，ものづくりや実技の表現における事前・事中の学びの様子を念頭に置き，最終的な結果を評価する。

ゴールを見据え，発達レベルも考えて

最後にはどのような作品や表現をしてほしいのかということを，子どもに具体的にわかるように周知徹底して，課題に取り組む日数や評価規準も事前に（あるいは授業開始後ならば早めに）知らせておく。課題設定の際には，それが子どもの発達から見て適切かどうかということも考慮する。

ルーブリックとそのサンプルを生かす

作品や表現を絶対評価するには，ルーブリックに頼らざるを得ない。子どもと一緒に学習物の検討をし，何を評価すべきかを話し合いながら，教師は，それを手がかりにルーブリックを作成する。さらに，ルーブリックで高く評価できそうな過去の学習物をサンプルとして提示するとよい。ルーブリックは，学習過程で評価しながら，次の学びを生み出すのにも役立てるものである。

複数の作品や表現を使って評定する

　1つの学習物だけを取り上げて，それが優れているからよくできているという評定をしてはならない。かといって，多数の学習物を評価するには，時間や労力がかかる。そこで，1学期に数回は作品を出させたり表現をさせ，ほかの評価方法も併用しながら評定を下すようにする。

　例えば，上の2つの絵は，いずれも子どもがアニメの主人公を描いたものだが（左は東京ミュウミュウ，右はパワー・パフ・ガールズ），どちらがよく描けているといえるだろうか。実は，この2枚の絵は，幼稚園年長組の5歳児がほとんど同じ時期に，自分で描いたものである。その年長児に「どのようにして右の絵を描いたのか」と尋ねたところ，「アニメの絵を下に敷いて薄い紙で上からなぞった」ということだった。

　このように，作品にしても表現にしても，その結果だけを見ていては，正しく評価できないことがある。それまでの作品や表現を集めて，なお不可解な点があれば，直接本人に尋ねるということも必要なのである。

3 作品・表現

▶ 作品・表現の評価の実際

中学校の美術の授業を例に，作品や表現の評価におけるルーブリックの活用法を考えてみよう。

- **「15歳の自分探し」**

中学３年生ともなれば，自分の外見が気になり，鏡を見ることも多くなろうが，他方，思春期のために気恥ずかしくて，自分自身を真正面から見つめて，自己理解にまで深めることが必要であるにもかかわらず，自らそのようなことをすることは少ない。こうした問題意識をもったある美術の教師が，「15歳の自分探し―自画像―」という一連の授業を行った。

- **評価規準からルーブリックへ**

最初に，ピカソの15歳のころの写真を見せて，「だれだと思う？」と尋ねた後，ピカソの16歳から26歳までの自画像と晩年の人物画を並べて，その変化をたどる。次にムンクの自画像を見せて，「この人はどんな性格の人だろうか？」と発問すると，子どもから「目つきが悪い」とか「暗い」という感想が出てきた。同じようにして，クレーやゴッホなどの自画像や写真を示した後，絵の見方は人によって変わることに気づかせた。

そして，「これらの絵の中で自分がひかれる作品はどれですか？ その理由も言ってください」と問いかけ，作品評価の規準を聞き出す。

(a) そのときの自分をありのままに描く
(b) 自分の心を出す
(c) 表情を工夫する
(d) 気持ちを背景に出す
(e) 自分のイメージを出す
(f) 色の工夫をする
(g) 自分らしさ（個性）を出す

次に，これらの言葉から班で評価規準（右頁の表では「項目」に当たる）を引き出させた後，評価規準の中で「十分満足できる」条件を考えさせ，それができた班には「まあまあ満足できる」「あまり満足できない」「かなり努力が必要」まで内容を文章記述するようにさせた。

● **子どもの言葉を参考に，教師がルーブリックをつくる**

担当した美術の教師によれば，「中学生は評価規準を簡単に抽出できるが，ルーブリックづくりはむずかしくて予想外の時間がかかった。教師がルーブリックを作成して子どもに提示していくほうが効果的だろう」ということだった。評価の目標を熟知しているのは教師であり，子どもの言葉を参考にするとしても，教師の考えや経験を加味してルーブリックにまとめていく必要がある。

「15歳の自分探し」のルーブリック ①

項目	十分満足できる ◎◎	まあまあ満足できる ◎×	あまり満足できない ×◎	かなり努力が必要 ××
色彩	独自の色を作るなど色の工夫が見られ表現意図がよく伝わってくる。	色の幅はあまりないが，表現意図が伝わってくる。	色の工夫はしているが，表現意図があまり伝わってこない。	気持ちはわかるが色の工夫が見られず，表現意図が伝わってこない。
構図	ポーズや画面の配置を工夫し，意図がよくわかる。	ポーズや画面の配置の工夫はあまり見られないが，意図が伝わってくる。	ポーズや画面の配置の工夫は見られるが，意図があまり伝わってこない。	ポーズや画面の配置の工夫も見られず，意図も伝わってこない。
内面性	性格や気持ちなど自分の内面についてよく考えて描いていることが伝わってくる。	性格や気持ちなど自分の内面について考えて描いていることはまあわかる。	性格や気持ちなど表そうとしているが，あまり伝わってこない。	性格や気持ちなどがどこかちぐはぐで伝わってこない。
背景	内面とのつながりが感じられ，バランスも考えて効果的に工夫している。	内面とのつながりは感じられるが，背景が目立つなどバランスがいまひとつ。	背景に工夫は見られるが，内面とのつながりがあまり感じられない。	背景にあまり工夫が見られず，内面とのつながりも伝わってこない。
外面特徴	自分の特徴をしっかりとらえ表情などに生かしていて，見た目にも誰とわかる。	表情などに工夫があり，見た目に誰とわかるが，特徴があまりでていない。	特徴をとらえ強調したりしているが，見た目にあまり誰とはわかりにくい。	特徴があまり感じられないし，見た目に誰とはわかりにくい。
仕上げ	最後までていねいに，全体を見て細かいところまで仕上げてある。	あまりていねいとはいえないが最後まで仕上げている。	ていねいに細かいところまで描いているが最後まで仕上げていない。	あまりていねいとはいえないし，最後まで仕上げていない。
制作意欲	よりよい作品にしようと自分なりに追究しながら，一生懸命取り組んでいた。	時間いっぱいまじめな授業態度で参加していたが，追究活動はいまひとつ。	追究しようとする気持ちはあったが，取り組みがいい加減であった。	無駄口が多く，何の努力もしなかった。

引用文献　①安藤輝次編著『評価規準と評価基準表を使った授業実践の方法』黎明書房，2002，P.184

4 自己評価

教師は評価する人，子どもは評価される人という他律的評価観を脱し，学習する主体は子どもであるという点を重視して，学んだ事柄を子どもが自ら評価することで主体的な学習を促す。

◗ 自己評価の基盤は，教師と子どもとの良好な人間関係

子どもは，教師が自分を受け入れてくれているという思いがなければ，自己評価で素直に自ら思ったことや気づいたことを述べない。また，教師が子どもの素直な気持ちを受け止める余裕や公平さがなければ，子どもの自己評価はしぼんでいく。教師と子どもとの良好な人間関係が自己評価の基盤になる。

◗ "させられる"自己評価から"する"自己評価へ

これまでは，教師が自己評価票を用意して，子どもがそれを"させられる"自己評価であったが，むしろ子ども自ら"する"自己評価にしたい。小学校低学年児でも，次頁の図に示すように，教師が一人一人の子どもを長期的に見取り，そのつど適切な支援をすれば，目標に照らしてうまく自己評価することができる。

◗ 自己評価→他者評価→自己評価のサイクルを

自己評価は，優れた他者評価を介さなければ，いい加減な評価になるといわれるが，いきなり他者評価から始めると，自己評価のあり方に影響して，自己評価力も育たない。自己評価をさせて，その結果と他者評価の結果とを比べさせ，再び自己評価をさせるようなサイクルが望ましい。

(自己評価の過程)

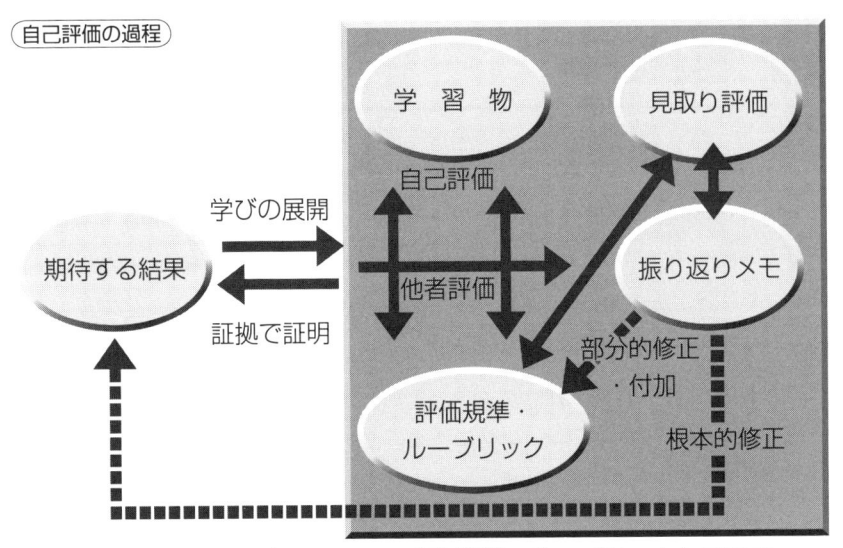

```
                学 習 物          見取り評価
                   ↑
                   │自己評価
   学びの展開       ↕         ↗↕
期待する結果 ⇄              振り返りメモ
   証拠で証明       │他者評価
                   ↓         ↘  部分的修正
                                 ・付加
                評価規準・
                ルーブリック          根本的修正
```

●子どもの自己評価をもとに，評価規準・ルーブリックを見直す

学習意欲を認め，次の学びにつながる自己評価に

　評価は，子ども学びの長所と短所を明らかにし，新たな学びを生み出すために行うものである。したがって，子どもが否定的な自己評価を下した場合でも，教師は，そこから何らかの学びの展望を見いだしえるような着眼点を示唆したり，励ましたりする必要がある。

自己評価をもとに，評価規準・ルーブリックを見直す

　まず，特定の単元の学習後に期待する結果を想定し，そこから学びの展開や評価規準が引き出される。子どもは，評価規準・ルーブリックに照らして学習物を自己評価して根拠資料とし，振り返りメモを記すが，その際に子どもの相互評価や教師による見取り評価も考慮する。もしも子どもの振り返りメモを通してレベルが高すぎるとか低すぎることがわかった場合には，評価規準・ルーブリックや期待する結果が適切ではなかったので，見直しをする。子どもが評価規準やルーブリックを理解し，十分に内面化できれば，自ら評価して学ぶようになる。

5 相互評価

「人の振り見て,わが振り直せ」といわれるように,相互評価は自己評価と密接な関係にある。相手のあら探しに陥ることなく,相手のよい所を見つけて伝え,自らの学びにも生かす。

▶ 子ども相互の信頼関係がなければ成り立たない

子どもたちが相互に不信感を抱いていると,相互評価は相互監視になって,互いを高め合うことにはならない。また,お互いなれ合いの関係になっても,仲間内の甘い評価になる。子ども同士が信頼し,尊敬し合う関係の中でこそ,相互評価が成立するということを子どもにも周知させておく。

▶ 評価規準やルーブリックを共有する

子どもの学びの評価は,評価規準やルーブリックに照らして行わなければ,信頼できる結果は得られない。評価規準やルーブリックをよく理解し,使いこなせるようになるために,それぞれの表現をわかりやすいように改めたり,典型的な学習物のサンプルを添えて示したりする必要がある。

▶ 相手のよい点も改善点も率直に評価する

評定尺度法で,5つの尺度のどれかを選ばせると,安易に中間の尺度を選んで適切な評価情報が得られないことがあるように,相互評価でも「わからない」というのは禁句である。

また,相互評価で相手のよい所を見つけさせるというような場合には,よいところの少ない子どもに対しては,結果的には,だめだと言っているに等しい。しかも,どのようにすればよりよくなれるかという手がかりすらない。無記名でもよいから,相手のよい点だけでなく改善点も指摘させ,

●相手のよい所を見つけ，自分たちの学びにも生かす

改善点については，本人だけにそっとわかるような心配りをしたい。

◗ 相手のあら探しではなくよいところを見習う

　相手を批判や非難するために相互評価をするのではない。自分がすべきことやすべきでないことを相手から学ぶために相互評価をするのである。

　とりわけ，同じ年齢の同じ学級の子ども同士であれば，優れた学びができる子どもの存在は，「自分も努力すれば，何とかその子のようにやれるのではないか」と，適度のむずかしさのある目標になりうることが多い。

◗ 総合的な学習における相互評価の活用事例

　小学5年の子どもたちは，総合的な学習において8つの班で調べ学習を進めた後，班の中で各自が発表をして，"調べ方"と"まとめ方"の点から一番よいものを選んで，Ⓐ自分の班代表とし，それを30点満点で自己評価した。自分たちの調べ学習にそってまとめたものの中から最善のものを

班の代表として選んだので，下の表に示すように，ほとんどの班は，自己評価で満点に近い点数をつけた。それから，各班で一番よいものを学級全体に発表させた後，子どもたち一人一人は，Ⓑ自分の班以外の７つの班の発表の中からベスト１（票数×３点）とベスト２（票数×１点）を選んで，その理由を自由記述で提出した。

次に教師は，評価結果をまずⒷの相互評価から書き出し，どの班の点数が高いか低いかということを確認した後，Ⓐの班の自己評価を記入して，「実は，自己評価と相互評価が大きく違う班があるけど，どうしてかなあ？ということを考えてもらうために，これをやったのです」と言った。

そして教師は，班で話し合って，自分たちの自己評価のあり方を振り返らせた。

このように，相互評価を介して自己評価を考え直す機会を設けると，子どもたちは，自己評価の甘さに気づくようになる。しかし，"調べ方"と"まとめ方"のルーブリックが示されていないので，評価がややあいまいになったということが問題であろう。

教科学習における相互評価の活用事例

「考古学絵本大賞に応募しよう」と題して，弥生時代から古墳時代までについて，グループごとに八つ切り画用紙４枚の絵と簡単な文章で表現させた中学１年社会の実践である。

教師は，締め切りや審査基準を記した「応募要項」をつくり，単元（全10時間）の始めにこれを配って説明した後，関係箇所の教科書記述について重要語句を中心にざっと解説した。そして，次時に重要語句の小テストをして最小限必要な知識を確認・定着させ

	ベスト１ ×３点	ベスト２ ×１点	相互評価	自己評価
１班	１×３	５×１	８	30
２班	７×３	８×１	29	28
３班	０	２×１	２	22
４班	３×３	２×１	11	30
５班	８×３	10×１	34	30
６班	８×３	２×１	26	30
７班	２×３	２×１	８	29
８班	３×３	３×１	12	30

※ベスト２は全員（34名）が投票したが，ベスト１は２名が該当しないとして投票しなかった。

た後，班ごとに調べ活動を行い，それから審査基準を意識しながら絵本づくりの作業に入る。この審査基準は，「十分満足」から「努力を要す」まで3つに分けたルーブリックであって，学びの指針にもなるが，例えば「十分満足」のレベルは，次のようなものであった。

① 弥生時代が縄文時代と異なる点がはっきりとし，古墳時代へ変わっていったことが4枚の絵と解説文からはっきりわかる。
② 子どもだけでなく，大人を対象にした趣味講座の資料に用いることもできる。
③ 吉野ヶ里や藤ノ木古墳，黒塚古墳など最新の発掘データも含んでいる。
④ 同じ時代の郷土についても理解が広がる内容のものである。
⑤ ポートフォリオを用いて自分たちが知りえたことを明確にできる。

さて，子どもたちは，単元最後の発表会の前の時間に，自分たちの班の絵本について10点満点で評価して，それを班のメンバーの数で割って，平均（小数第2位四捨五入）を出した。そして，学級全体の発表会の終わりに他の班の相互評価をして，自己評価の結果と対比させ，自己評価が相互評価より厳しくなっていることを確認した後，大きな差異があるB班とF班には理由も考えさせた。実は，事前に行った教師評価でも，これら2つの班を除いて，ほぼ同じような数値となった。

	自己評価	相互評価
A班	7.5	7.4
B班	4	6.4
C班	6.3	7.9
D班	6	7.2
E班	7	7.9
F班	4	7.2

すると，F班は，「班内でけんかをして，まとまっていなかったから低めに評価した」という。審査基準⑤に示した過程評価を交えたということであろうが，教師の評価では，7.5と相互評価とほぼ同じであったので，そこまで厳しく見なくてもよいと言った。B班については，教師の評価では2.5と低かったので，相互評価は高すぎることを指摘して授業を終えた。

一般に，自己評価や相互評価は，教師評価より甘いといわれるので，ときには教師の補正も必要であろう。しかし，この実践のように，子どもたちが学習中にルーブリックを内面化していると，自己評価や相互評価も案外信頼できるということである。

6 ポートフォリオ

教師や子どもが,さまざまな学習物を集めて学びのプロセスや成果を多面的,長期的に評価する。子ども自身が評価規準やルーブリックを内面化させ,自己評価しながら次の学びに生かす。

▶ 学びのプロセスや成果を多面的,長期的に評価する

　ポートフォリオは,教師または子どもが自発的に自分の学びの伸びや変容を多面的・多角的かつ長期的に評価し,新たな学びに生かすために学習物など(ノートや作品などで下書きや振り返りを含む)を集めたものである。

　例えば,総合的な学習などで調べ学習を行うと,もらった資料や写真,そして,作成した記録などの学習物を保管するものが欲しくなる。また,総合的な学習は教科書がないので,保護者は自分の子どもがこれまで何を学んできたのかということが知りたくなる。だから,自然発生的に学習物をファイルすることが始まった。そして最近では,教科の発展的な学習においても,多面的・多角的な学習が展開され,評価もそれに応じたものにする必要があるために,ポートフォリオが採用されるようになってきた。

▶ ポートフォリオは,ただの学習ファイルではない

　しかし,「これがポートフォリオです」と言って見せてもらっても,まったく別物というものも多い。ポートフォリオは,下表に示すように,単に学習物を収納するだけの"学習ファイル"とは違う。

ポートフォリオ	学習ファイル
Ⓐ古い学習物は上に,新しい学習物は下に Ⓑ学習物の量が子どもによって違う Ⓒ名前と日付がある Ⓓ振り返りがある	(a)古い学習物は下に,新しい学習物は上に (b)学習物の量がみんな同じ (c)名前と日付がない (d)振り返りがない

ポートフォリオの基本要素と難易度

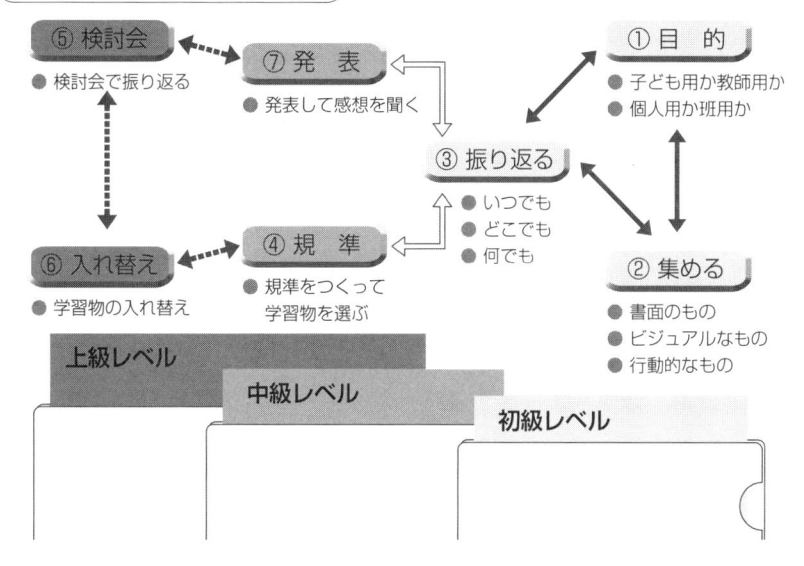

- ⑤ 検討会
  - 検討会で振り返る
- ⑦ 発表
  - 発表して感想を聞く
- ① 目的
  - 子ども用か教師用か
  - 個人用か班用か
- ③ 振り返る
  - いつでも
  - どこでも
  - 何でも
- ⑥ 入れ替え
  - 学習物の入れ替え
- ④ 規準
  - 規準をつくって学習物を選ぶ
- ② 集める
  - 書面のもの
  - ビジュアルなもの
  - 行動的なもの

上級レベル／中級レベル／初級レベル

- **学習物は，古いものを上に，新しいものを下に**

　古い学習物の上に新しい学習物を重ねると，学びを時系列に見ていくことがむずかしい。すると，どこでどんな契機があったから学びの転換がなされたとか，学びの歩みからどのような学びの傾向があって，その長短所は何かということが見えにくい。だから，ポートフォリオでは，古い学習物を上にして，新しい学習物をその下につづっていくのである。

- **子どもによって学習物の量が違う**

　学習ファイルは，教師が「あれせよ，これせよ」と言って配布した資料やワークシートを収めたものであるから，どの子も同じ枚数になる。しかし，総合的な学習では，子どもが主体的に学びを進めていくことになるので，子どもによって調べるものも違えば，調べた内容も結論も違う。その結果，ポートフォリオには，子どもの個性的な学びが収められることになる。

- **振り返りのために「名前」と「日付」を**

　ポートフォリオでは，学習物に名前と振り返りが添付されるが，学習

ファイルでは，そのようなものがない。前頁のポートフォリオの図の中心にあるのが「振り返り」である。学習した子ども自身の振り返りもあろうが，他の子どもからの批評や教師のコメントや保護者からのうち明け話のメモもあろう。お世話になった講師からの感想もあろう。このような「誰から」のコメントかを示すために，名前を記しておく必要がある。

また，新旧の学習物を比べる際に，同じ変容であっても，1日と1週間と1か月ではその間に何があったのかという意味合いが違ってくる。したがって，いつの学習かを示すために日付も記入しておく必要がある。

ポートフォリオ活用のポイント

●目的を定め，段階的に導入する

すでに述べたように，ポートフォリオは単なるファイルではない。前頁の図に示すように，まず，教師の力量形成のための教師用ポートフォリオを作成するのか，子どもが自ら学び評価するために子ども用ポートフォリオを作らせるのかという目的を決める。そして，学びの過程で学習物などを集めて，振り返らせることから始め，熟達するにつれて，中級から上級へとレベルを上げていく。

●多面的な学びをさせて，多面的な学びの表現をとらえる

(a)文字や記号による学びだけでなく，(b)マップや図解などのビジュアルな学びや(c)作品を作ったり調べるような行動による学びなど多面的に進め，そこで学んだ子どもの表現も(a)(b)(c)によって多面的になされるので，それらを丹念に収集し，ポートフォリオに時系列で収納しておく。これが"過程ポートフォリオ"である。

●自己評価を尊重しながら多角的に評価する

ポートフォリオは，自己評価を適切に行わせ，次なる学びにつなげるためのツールである。自己評価に厳しすぎるとか甘すぎるという個人差をなくすために，子ども用ポートフォリオなら，級友からのよいところ見つけなどの相互評価，ときには教師のコメントも入れて，多角的に評価する。教師用ポートフォリオにおいても，同僚教師の声や子どもや保護者の感想などの他者評価を踏まえながら，より的確な自己評価を行っていく。

● 長期的に評価し，次の学びに生かす

　ポートフォリオといえば総合的な学習の評価法，というのが常識になっているが，教科学習においても物事を深く考え，意欲的に学び続ける過程をとらえるためにはポートフォリオが有効である。少なくとも単元レベルで子どもの学びを評価すると，そのような長短所が見えてくる。その長所を生かし，短所を克服することを目的にして，次の学びにつなげる。

● 多様な学習物をルーブリックで評定する

　ペーパーテストだけに頼って評定するのではなく，「思考・判断」「関心・意欲・態度」「技能・表現」の評価においては，これらの評価に見合った学習物をポートフォリオに集めておき，それを基にルーブリックを使って評定を下す。それが"ベスト・ポートフォリオ"である。

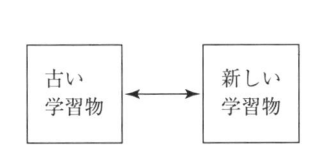

```
┌──────┐     ┌──────┐        ┌──────┐     ┌──────┐
│ 古い │ ←→ │新しい│        │過程ポート│ → │ルーブ│
│学習物│     │学習物│        │フォリオ │    │リック│
└──────┘     └──────┘        └──────┘     └──────┘
  前後の学びの伸びや変容の評価      次なる学びを示したり評定を下す
      過程ポートフォリオ                 ベストポートフォリオ
```

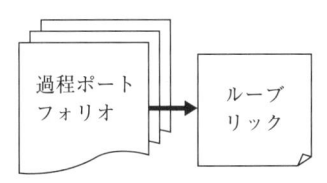

教師の力量形成に生かす教師用ポートフォリオ

　教師用ポートフォリオは，例えば，「教材研究の力を伸ばしたい」という場合なら，自分が通常使っている発問や資料とそれに対する子どもの反応の記録を丹念に集めて，時系列に学習物を並べて自分の長短所を見きわめることから始める。過程ポートフォリオの段階である。

　教師の教材研究における短所がわかれば，その克服策を文献やインターネットで調べたり，あるいは教材研究に関する教員研修会に出席した際の学習物などを残しておく。そして，教材研究に改善を加えた授業を同僚の先生に見てもらって感想を聞いたり，子どもの学習物や感想を集めたり，ビデオを撮っておく。その結果，教材研究の改善によって授業効果が確かめられれば，どのような手立てを打ったからこのような学習成果が上がったのかということがはっきりわかるように学習物を並べ直す。これがベスト・ポートフォリオであって，研究発表でも使えるものである。

7 教師の言葉かけ

> 言葉かけの効果は，教師と子どもの人間関係のよしあしに左右される。子どもの立場に立って認める・ほめることを基本に，「こう育ってほしい」という教師の願いを言葉に込める。

◗ まずは教師と子どもの信頼関係

　同じ言葉でも，だれに言われるかによって，うれしくなる場合もあれば，嫌悪感を抱く場合もある。したがって，言葉かけの前提として，教師と子どもの間の信頼関係が求められる。また，言葉かけをきっかけにして，「自分のこんなことまで見ていてくれたのか」と子どもが教師を見直すきっかけになることもある。言葉かけと人間関係は密接な関係にある。

◗ "あなたメッセージ"より"私メッセージ"

　言葉かけの基本は，「努力したね」「よくなったね」と過程や成長を認め，「助かった」「うれしい」と貢献や協力をほめることである。その際に，「(あなたの) そのやり方はいい」という"あなたメッセージ"よりむしろ「(私は) そのやり方が好きだ」という"私メッセージ"を使うと，子どもは，教師から勇気づけをもらって，もっとがんばろうと思うようになる。

◗ 非言語的な表現に注意し，タイミングよく言葉をかける

　おきまりの言葉かけをしても効果があるわけではない。普段から子ども一人一人をよく見守っていると，子どもが「困った」とか「恥ずかしい」というときに見せる表情や体の微妙な変化に気づく。そのような非言語的な表現があったときに即座に言葉かけをすると，子どもは，自分のことを気にかけてもらっているとか認めてもらったと思って意欲的になる。

●教師と子どもの信頼関係が言葉かけの効果を左右する

他の評価方法とも重ね合わせる

　遅刻をする。提出物が出せない。けんかをする。そのような見てわかりやすい子どもの否定的な行動について，教師は，素早く気づいて「何とかしなければ…」という気持ちになる。しかし，ここで即座に言葉かけをする前に，ポートフォリオや自己評価，相互評価など他の評価方法で得た情報とも重ね合わせてみる。こうして，その背景にある諸要因まで踏まえたうえで，その子どもに"私メッセージ"の言葉かけをする。

言葉かけと指導とを関連づける

　教師は，一人一人の子どもへの言葉かけを通して「この学級をこうしたい」とか「授業ではこのようになってほしい」という自分の願いを伝えている。教育方針を徹底させるために言葉かけをするのである。
　その効果はなかなか見えにくいが，感情的になってしかるのではなく，他の評価法も併用しながら，辛抱強く言葉かけを続けていく必要がある。

8 ペーパーテスト（教師自作テスト）

評価といえばテストを連想するように、評価技法として最も多く使われてきた。もちろんそこには限界もあるが、作問の工夫次第でかなり広範な学力をとらえることができる。

◉ 子どもの学力の実体をとらえ、指導に生かす

　教師自作テストは、教師が自分のクラスの子どもたちの学習の実態を的確にとらえ、効果的な指導をするために作成するテストである。テストの専門家によって作成された標準学力検査に比べれば信頼性、妥当性は劣るが、次のような長所がある。
　① 比較的頻繁に、手軽に行うことができる。
　② 上手に作れば、その教師の独自の教育目標とその指導を受ける子どもの実情にぴったり合ったテストができる。

　作問・実施にあたっては（市販テストを利用する場合にも）、確認したい学力の種類や使用目的により、適切なテスト形式を選び用いることである（表を参照）。

◉ 客観テスト：採点を客観的に行うことができる

　客観テストは、だれがいつ採点しても変わることがない信頼性の高いテスト形式である。しかし、次の点に十分注意を払って使う必要がある。
　① 正しい答えがわからなくても、正答できるような設問を避ける。
　② 枝葉末節の知識ばかりを問わず、学習が浅くならないようにする。
　③ 再生テストや論文体テストも併用し、子どもの表現力が低下しないように配慮する。
　④ 構成・点検テストを工夫し、鋭い分析・総合的思考力や細部にわたる正しい知識をテストする。

テストの形式による分類

テスト形式			特　徴
客観テスト	再認テスト	真偽法 選択法 組合せ法	命題について，正しいか誤りかを選ぶ 複数の選択肢の中から正しいものを選ぶ 2群に分けて示された事項の中から関係するもの同士を選ぶ
客観テスト	再生テスト	単純再生法 完成法	問いに対する正しい答えを単語で答える 文中の空欄に単語や記号を挿入する
客観テスト	構成・点検テスト	配列法 訂正法	正しい順所に事項を並べ替える 誤った部分を指摘し，正しく訂正する
論文体テスト	短文体テスト		問いに対して短い文章で答える
論文体テスト	長文体テスト		問いに対して長い文章で答える
問題場面テスト	自由記述式問題場面テスト		文章や資料によって提示された問題について，自由に記述する形式で答える
問題場面テスト	客観的問題場面テスト		文章や資料によって提示された問題について，客観テストの諸形式で答える
オープンエンドテスト	自由反応テスト		関心，態度，意見，感想，好みなどを自由に反応させ，その理由づけや根拠などを答える
オープンエンドテスト	作問テスト		提示された条件を満たすテスト問題を自由につくる

▶ 論文体テスト：総合的思考力や表現力をみる

　短文体テストは客観テスト（再生テスト）と評価対象（知識）に大きな違いがないが，長文体テストでは複数の情報を関連づけたり，筋の通った論を構成するなどの思考力を試すことができる。また文章表現力を評価することができるので，子どもの学力形成という点から望ましい評価技法である。その反面，次のような問題点もある。
① 　テストする学習内容（範囲）が狭くなりやすく，短時間のテストに向かない。
② 　採点の客観性を保つのがむずかしく，採点に時間がかかる。

　これらの点を克服するため，客観テストの併用や採点基準の明確化が求められる。

▶ 問題場面テスト：現実状況での解釈・判断を問う

　次頁の上に示した例は，なすの流通に関する資料について，解釈し判断する力を試している。重要な特徴は，そのままの形では学習したことがない問題が設定されている点である。もちろん学習した知識や技能を活用する必要があるが，それだけでなく何かを発見したり，自らの解釈や判断を加えなくてはならない問題である。また，現実の状況をとらえて総合的に判断したり，批判するような設問もある。採点の客観性の保証という点から，解答を客観テストの形式に変えることもできる。

▶ オープンエンドテスト：正解はなく，自由な反応を試す

　次頁の下は歴史上の人物についての関心を試した自由反応テストの例である。選ぶだけでなく，理由を書かせ，知識，解釈力，判断力に基づく関心の深さを試している。同様に自由な意見や感想の陳述を求める方法や，一定の条件設定のもとにテスト問題を自由に作らせる方法（作問テスト）もある。ワークシートや自己評価カードの中に，この種の設問を配置すれば，評価がむずかしいといわれる「関心・意欲・態度」「思考・判断」の観点についての評価資料となるだろう。

第3章　評価資料収集の技術

(問題場面テストの例) ①

〈問題〉下のグラフは，東京市場におけるなすの価格の動き，入荷量の総量および，そのうちの高知県産なすの東京市場への出荷量を月別に示している。高知県産なすの東京市場への出荷量が少ない時期は，東京市場の入荷量の総量と価格との関係から見て，おおむねどのような時期といえるか。「入荷量の総量」と「価格」という2つの語句を用いて25字以内で書きなさい。

(平成7年千葉県公立高校入試問題を一部改変)

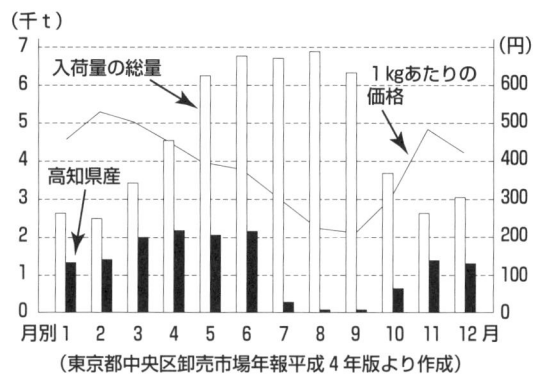

(東京都中央卸売市場年報平成4年版より作成)

(オープンエンドテストの例) ②

〈年表〉

時代	年	できごと
鎌倉	1300	・足利尊氏が京都に幕府を開く。
室町		・南朝と北朝の対立が続く。 ・農村に自治がめばえる。 ・各地に大名が生まれる。
	1400	・明との貿易がさかんになる。 ・一揆があいついで起こる。 ・応仁の乱で京都が戦場になる。 ・足利義政が銀閣をたてる。
	1500	・鉄砲・キリスト教が伝わる。
安土桃山		・織田信長が室町幕府を滅ぼす。 ・豊臣秀吉が全国を統一する。　A
	1600	・徳川家康が江戸に幕府を開く。

〈問題〉左の年表のAのわくの中の3人の武将によって全国統一が進められました。あなたがもっとも調べてみたい武将はだれですか。一人選んで，その人物の名前を書きなさい。

また，なぜその武将を調べてみたいと思いましたか。その理由も合わせて書きなさい。

(平成15年1月実施の京都市教育課程実施状況把握調査，小6社会を一部改変)

引用文献
①橋本重治（原著）・応用教育研究所（編）『教育評価法概説』図書文化，2003
②京都市教育委員会『京都市教育課程実施状況把握調査報告（小学校社会）』2003

9 補助簿

> テスト得点だけでなく多様な評価資料が収集されるようになると，それを記録・保存する帳簿が必要になる。使いやすく，しかも重要な資料をもれなく記録できるものがよい。

▶ 授業中の評価資料は，授業後に簡単なメモを残す程度に

　研究目的のためには，座席表やチェックリストを用い，授業中に記録する必要があるが，通常の授業では補助簿の記録に労力をとられたくない。授業後のメモをパソコンに入力するか，ノートなどに記入する程度でよい。

▶ 単元末には，観点ごとの評価の総括に便利な補助簿を

　次頁の上は，小学校国語の文章読解を中心としたある単元の補助簿である。具体的な観点（評価項目）について，達成度の高い者に◎，不十分な者に△を記入しておき，単元末に総括してA，B，Cの評価を行う。おおむね達成の者は無記入とし，B評価の記入も省略している。

▶ 学期末・学年末には，その期間の評価を総括する補助簿を

　学期・学年末には，その期間の評価を総括するため，個人表形式か一覧表形式の補助簿を用意したい。次頁の下は，中学校社会科の期末の補助簿の例である。個人表形式であり，到達度を％の欄に，A，B，Cの評価を（　）内に記入する。その他のテスト結果も含め，期末の総括評定を行うことになっている。この例ではそうなっていないが，単元ごとの評定から期末の評定を導き出すような形式の補助簿のほうがよく使われている。

　また，一覧表形式の補助簿も用意しておくと便利であり，その場合はパソコンを利用すればよりいっそう作業がしやすい。

単元総括の補助簿の例 ① (小学3年国語単元「ニコラス，どこへ行ってたの？」)

観点	関心・意欲・態度						表現の能力				
具体的観点	授業中、先生や友達の話をよく聞こうとする	授業中、自分の考えをすすんで発表しようとする	日記や授業感想などの文章を長く書こうとする	図書館でニコラスに関係した物語などをよく読もうとする	学習した文や言葉を日常生活で使おうとする	文字をていねいに書いたりノートのまとめ方を工夫しようとする	話題にあった話し合いができる	要点がよくわかるように区切りを考えて話すことができる	言いたいことの中心がわかるように文章を書くことができる	読み取ったことに自分なりの感想を交えて書くことができる	自分の文章を読み返し間違いなどを正すことができる
番 氏名 評価	◎ △	◎ △	◎ △	◎ △	◎ △	◎ △	◎ △	◎ △	◎ △	◎ △	◎ △
31 ○○○○		◎	◎					◎			
32 ○○○○	◎			◎		◎		◎		◎	
					A				A		
33 ○○○○		◎									
34 ○○○○		△			△		△				
					C						

期末総括の補助簿の例 ② (中学校社会科)

年　組　番　名前

学　期		1　学　期		
定期テストの評価・総括的評価		中間（　／　）	期末（　／　）	評定
観点別学習状況		到達度・評価	到達度・評価	
関心・態度・意欲	①世の中の出来事や社会事象に興味関心をもち，よりよい社会をつくろうと心がけている。	％（　　）	％（　　）	
	②意欲的に発言や発表，その他の表現活動に取り組んでいる。	（　　）	（　　）	
	関心・態度・意欲の総合評価	（　　）		
思考判断力	③さまざまな情報に基づいて，社会的事象のもつ意味や因果関係をとらえ，見方，考え方の観点から総合的に判断することができる。	％（　　）	％（　　）	
情報活用能力・表現力	④身近な地図や統計資料，文章資料やグラフなどの種々の情報を収集，選択，活用できる。	％（　　）	％（　　）	
	⑤さまざまな情報をもとに調査した結果などを，グラフや報告書，新聞，絵などに表現できる。	（　　）	（　　）	
	情報活用能力・表現力の総合評価	（　　）		
知識理解	⑥社会事象に関する基本的な用語や事実を正しく理解している。	％（　　）	％（　　）	

引用文献　①②石田恒好編著『新しい補助簿の作り方・使い方（小中別）』図書文化，1995
※絶版

10 標準学力検査

> 教師自作テストで高い得点を得ても,問題がやさしすぎたという可能性がある。標準学力検査は,学力の判断・解釈の基準が客観的に定められており,この疑念は払拭される。

▶ 標準学力検査は客観性の高いテスト

　標準学力検査とは,問題内容,実施方法,採点方法,結果の解釈方法について標準化という手続きを踏んで作られた客観性の高い学力検査のことである。評価基準(結果の解釈法)の定め方によって,集団準拠テスト(NRT)と目標準拠テスト(CRT)に分かれる。両テストの比較は次頁の表のとおりである。それぞれの特徴をよく理解して活用するようにしたい。

▶ NRTでは,学力の個人間差異がわかる

　NRTは,大きな集団での平均や分散を基にしており,学力の個人差をよく弁別できるテストである。弁別力のあるテスト項目から構成され,標準得点(偏差値)が算出されるので,大きな集団内での相対的位置が正しく示される。全国的な水準と比較する必要がある場合に好適であり,また,知能検査などと組み合わせて用いるのに適している。

▶ CRTでは,目標の達成度がわかる

　CRTは,目標の達成度(満足度)を正答した問題の数(率)で判定できるように作成されたテストである。次頁下は小学校5年・国語のCRTの結果表示の例だが,観点ごとの得点(設問数によって修正された得点)を基に,「十分満足」「おおむね満足」「努力を要する」の評定を指数によって示すように作成されている。教師による観点別評価資料が妥当なものかどうかは,このCRTの結果との照合によって明らかになる。

第3章　評価資料収集の技術

NRT と CRT の特徴 [1]

	集団準拠テスト NRT	目標準拠テスト CRT
問題内容・作問方法	● 学習指導要領の内容領域に即して作問し，予備実験で個々の能力をよく弁別する項目を選択する。 ● 発展・応用の内容も含む。	● 1学年の教育目標全体をよく代表する項目を抽出し，教科書の単元配列を参照して作問する。 ● 基礎的基本的事項が中心。
標準化の方法	● 全国（または地域）を母集団として標本を抽出。集団基準（norm）を設定する。	● 小問ごとに妥当性を吟味し分類して期待正答率を設定，観点ごとの分割点（cutting score）を算出する。
実施方法	● 時間制限あり。	● すべての問題に着手。
結果の表示	● 全国基準による標準得点（偏差値）を算出，内容領域（数と式，言語事項等）別にも分析評定できる。	● 観点（目標＝知識理解・関心意欲態度等）別に ABC 3段階で目標満足度を判定。 ● 各教科の総合評定も算出。

CRT の結果表示の例 [2]

観点	得点 ×満点/実施満点	修正得点	実現の状況（努力を要する／おおむね満足／十分満足）
① 国語への関心・意欲・態度 ★	×18/( )		0–18 / 0–200
② 話す・聞く能力 ▲	×16/( )		0–16 / 0–175
③ 書く能力 ◆	×15/( )		0–14 / 0–182
④ 読む能力 ●	×14/( )		0–14 / 0–182
⑤ 言語についての知識・理解・技能 ＝	×16/( )		0–16 / 0–179

CRT II プロフィール　6年国語

指数の平均値	指数平均	～99	100～136	137～
	評定	1	2	3

引用文献
[1] 橋本重治（原著）・応用教育研究所（編）『教育評価法概説』図書文化，2003
[2] 応用教育研究所・辰野千壽・北尾倫彦『教研式標準学力検査 CRT』図書文化，2002

11 その他の諸検査（適応性検査）

診断的評価では，学習の到達度だけでなく，学習を阻害する心理的要因までも明らかにする必要がある。さまざまな心理検査が役立つので，それぞれの特徴をよく理解して活用したい。

▶ 知能検査：潜在的な能力の水準や質的特徴をとらえる

学力は教科の学習によって獲得された能力だが，それ以外の認知能力も学習の規定要因としてよく調べておく必要がある。

特に，学習困難の子どもの中には認知能力に偏りが認められることがあり，指導前に的確な診断が欠かせない。また，標準学力検査とのテストバッテリーを組むことによって，成就値を算出し，アンダーアチーバーの発見に利用することもある。

ただし，知能は遺伝によって決まるというような誤解もあり，知能に関する正しい理解を得てから活用することを望みたい。

▶ 学習適応性検査：学習の仕方や技術・環境などを調べる

学力に影響する心理的要因は多種多様で広範に及んでいる。認知能力以外で学習と深くかかわる要因を学習適応性としてとらえる検査がある。

次頁の表の左欄に示す学習適応性検査（AAI）には，学習態度などの4領域にわたる11個の下位テストが含まれている。これらの下位テストで測定される心理的要因はいずれも直接的に学習を規定するものであり，それらの的確な診断はただちに学習活動の改善に役立つだろう。

また，この検査では原因帰属（成功・失敗の原因を何に求めるか）や学習スタイル（熟慮・衝動）を診断することができるようになっている。

(適応性検査の構成)

学習適応性検査 AAI[1]		自己向上支援検査 SET[2]	
領域	下位テスト	領域	下位テスト
学習態度	①学習の意欲 ②計画性 ③授業の受け方	学習領域	①課題関与意欲 ②他律的意欲 ③自己向上意欲 ④学習の仕方 ⑤学習効力感
学習技術	④本の読み方・ノートのとり方 ⑤覚え方・考え方 ⑥テストの受け方		
学習の環境	⑦学校での学習環境 ⑧家庭での学習環境	社会生活領域	⑥情緒安定性 ⑦集中力・忍耐力 ⑧社会的スキル ⑨自立体験 ⑩社会的効力感
学習活動を支える3つの力	⑨自己効力感 ⑩自己統性 ⑪メタ認知		

自己向上支援検査：学習と社会生活への適応をとらえる

　上の表の右欄に示す自己向上支援検査（SET）は，学習と社会生活の両面にわたる心理的要因を10個の下位テストで診断できるようになっている。学習指導と生徒指導を有機的に関連づけて指導するための診断的評価として活用できる。

　診断のポイントの第1は，効力感（自分もやれそうだという感情）を学習だけでなく，交友活動などの社会生活でもつことができているかどうかである。第2はこの効力感を支える要因について診断し，指導・支援の手がかりをみつけることである。さらに，第3には，学習意欲の高さを問題にするのではなく，学習意欲を3つに分け，どれが優れ，どれが劣るかという質的な診断を行い，支援の手だてをみつけることである。生徒指導や保護者との相談にも活用できる。

引用文献　[1]辰野千壽・応用教育研究所『学習適応性検査 AAI』図書文化，2006
　　　　　[2]北尾倫彦・応用教育研究所『自己向上支援検査 SET』図書文化，2006

資料　各教科の評価の観点【小学校】

- 国　語
  - 国語への関心・意欲・態度
  - 話す・聞く能力
  - 書く能力
  - 読む能力
  - 言語についての知識・理解・技能

- 社　会
  - 社会的事象への関心・意欲・態度
  - 社会的な思考・判断
  - 観察・資料活用の技能・表現
  - 社会的事象についての知識・理解

- 算　数
  - 算数への関心・意欲・態度
  - 数学的な考え方
  - 数量や図形についての表現・処理
  - 数量や図形についての知識・理解

- 理　科
  - 自然事象への関心・意欲・態度
  - 科学的な思考
  - 観察・実験の技能・表現
  - 自然事象についての知識・理解

- 生　活
  - 生活への関心・意欲・態度
  - 活動や体験についての思考・表現
  - 身近な環境や自分についての気付き

- 音　楽
  - 音楽への関心・意欲・態度
  - 音楽的な感受や表現の工夫
  - 表現の技能
  - 鑑賞の能力

- 図画工作
  - 造形への関心・意欲・態度
  - 発想や構想の能力
  - 創造的な技能
  - 鑑賞の能力

- 家　庭
  - 家庭生活への関心・意欲・態度
  - 生活を創意工夫する能力
  - 生活の技能
  - 家庭生活についての知識・理解

- 体　育
  - 運動や健康・安全への関心・意欲・態度
  - 運動や健康・安全についての思考・判断
  - 運動の技能
  - 健康・安全についての知識・理解

第4章
観点別評価の手順と方法

1　観点別評価の考え方
2　観点別評価の手順
3　評価規・基準表の作成
4　単元の指導・評価計画の作成
5　毎時の授業の立案と実践
6　「関心・意欲・態度」の評価
7　「思考・判断」の評価
8　「技能・表現」の評価
9　「知識・理解」の評価

1 観点別評価の考え方

観点別評価は学力を4つの観点からとらえ、設定した目標に照らして評価する。指導要録に示された各教科の観点について、各単元の評価規・基準を明確にし、指導と評価を一体化させる。

▶ 子どもの学力を4つの観点からとらえる

観点別評価では，子どもの学力を「関心・意欲・態度」「思考・判断」「技能・表現」「知識・理解」の4観点（国語のみ5観点）から分析的にみる。単なる知識だけでなく，知識を獲得しようとする「関心・意欲・態度」，知識を生かす「思考・判断」，「技能・表現」などを指導し，評価することが目的である。それにより，子どもの多様な能力を引き出す。

▶ 目標に照らして学習状況を評価する

観点別評価は，目標に準拠した絶対評価で行う。つまり，子どもの学力の相対的な高低ではなく，一人一人の目標への達成（実現）の状況をみる。

そのため，単元の指導前に達成（到達）目標（つまり評価規準）を設定する。さらに，達成度を判定するよりどころとなる評価基準を明確にし，評価規・基準表として一覧にする。

これは原則として，子どもや保護者に公開し，評価・評定に利用する。

▶ 途中の評価を指導・支援に生かす

指導と評価を一体化させるため，指導の途中で形成的評価を行い，子どもの学習状況を4つの側面から分析する。その結果をもとに，以後の指導と支援を工夫する。こうした作業を日常的に継続して行うには，時間的にも労力的にも簡便さが求められる。評価項目はできるだけ厳選し，評価場面と評価方法を明確にするなど，評価の重点化を図る必要がある。

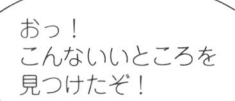

第4章　観点別評価の手順と方法

（4観点の学力モデル）

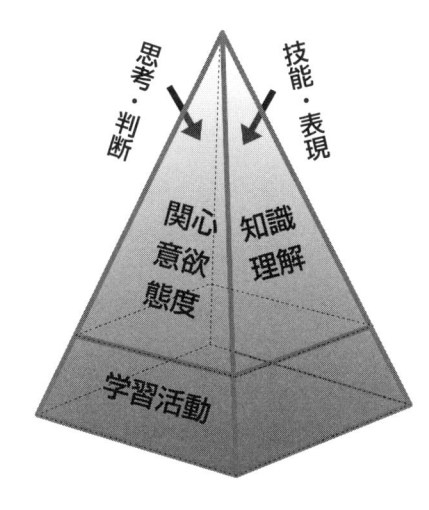

- 学習活動を土台にして学力が形成される
- 子どもの学力は4つの視点からとらえる

おっ！こんないいところを見つけたぞ！

- 様々な観点から光を当てることで子どもの多様な能力・資質を引き出せる

2 観点別評価の手順

> 単元の評価規準・評価基準の作成→単元の指導・評価計画の作成→授業の実践→単元・学期末・学年末の総括的評価の順に行う。指導と評価を一体化させながら4観点の学力を育てる。

▶ 観点別評価を始める前に

観点別評価を始める前に,学習指導要領の各教科の目標と内容,指導要録の観点別評価の観点およびその趣旨を確認する。

各単元の指導目標と評価規準・評価基準を作成するため,各学校の前年度の評価規・基準表や国立教育政策研究所による各教科の「内容のまとまりごとの評価規準及びその具体例」などを参考にする。

▶ 観点別評価の一般的手順

観点別評価を行うための一般的な手順は以下のとおりである。ここで大切なことは,単元を1つのまとまりとし,単元ごとに評価の区切りをつけることである。

① 単元の評価規準・評価基準の作成
② 単元の指導・評価計画の作成
③ 授業の立案と実践
④ 単元の総括的評価
⑤ 学期末の総括的評価
⑥ 学年末の総括的評価

このように観点別評価では,①～④の過程を各単元ごとにていねいに実施し,単元ごとに評価の総括を行っていく。

各単元で総括した観点別評価の結果は,学期末,学年末に総括し,通信簿や指導要録に記載する。

第4章　観点別評価の手順と方法

(観点別評価の手順) ①

```
┌─────────────────────┐    ┌─────────────────────┐
│  学習指導要領        │    │  指導要録            │
│ ・教科の目標と内容   │    │ ・教科の評価の観点及びその趣旨 │
│ ・学年(分野)の目標と内容 │  │ ・学年(分野)の観点及びその趣旨 │
└──────────┬──────────┘    └──────────┬──────────┘
           └────────────┬─────────────┘
                        ▼
           ┌─────────────────────────────┐
           │ 国立教育政策研究所の参考指針 │
           │ 内容のまとまりごとの評価基準及びその具体例 │
           └──────────────┬──────────────┘
                          ▼
```

- 年間指導計画の作成
- 学習指導要領解説書の理解
- 教科書の検討・教材研究

単元の評価基準の作成

- 学校・地域での評価基準、評価方法に関する共同研究

単元の指導・評価計画
- 単元の指導過程の構想・設計（指導計画）
- 指導展開に応じた評価場面・評価方法の設定
- 判定基準の設定

- 評価規・基準表の作成

- 指導への即時的フィードバック
- 指導計画の微調整
- Cの子どもへの指導の手だて

授業の実践
単元の形成的評価
（評価資料の収集）

- 座席表，チェックリスト，記録表などの用意・活用
- 観察法，評定法，自己評価，テスト法など多様な評価方法の活用

- 個々の実現状況の確認
- 指導結果の反省と指導法の改善

単元の総括的評価

- 集計表の用意・活用
- 単元ごとの集計と判定

- 個々の実現状況の確認と指導方針の決定
- 指導結果の反省と指導法の改善

学期末の総括的評価

- 集計表の用意・活用
- 学期ごとの集計と総合判定
- 通信簿の記入

- 個々の実現状況の確認，成績評定
- 指導結果の反省と年間指導計画の再検討
- 評価基準の妥当性についての検討

学年末の総括的評価
・「観点別学習状況」の評定の決定
・「評定」の評定値算出

- 校内での判定ルールの統一
- 学期末の総合判定
- 指導要録の記入

引用文献　①北尾倫彦ほか編『新観点別学習状況の評価基準表（小中各9教科）』図書文化，2002

3 評価規・基準表の作成

> 評価規・基準表は，子どもと保護者に示す教師の教育マニフェストである。単元を区切りに，観点ごとの評価規準と，その達成（到達）度を段階分けした評価基準をつくる。

▶ 評価規・基準表は教師の教育マニフェスト

　評価規・基準表は，教師が示す指導と評価目標の一覧表であり，教育マニフェスト（公約）である。これをつくることにより，教師は学習者の具体的な姿がイメージでき，必要な教材と指導法を選択できる。

　作成した評価規・基準は，子どもや保護者に提示するのが基本である。評価規・基準は，指導者と学習者に共有されて，初めて本来の使命を果たす。

▶ 評価の区切りを決める

　観点別評価は，単元を1つのまとまりとし，単元ごとに評価の区切りをつけるのが一般的である。20時間以上にもわたる大きな単元では，途中で区切ってもよい。

　区切りが1時間1時間のように小さすぎては作業に時間と労力がかかる。区切りが大きすぎると，評価する学習活動や学習内容が多くなり，全体としての判断がむずかしくなる。10時間程度以下を目安にする。

▶ 単元の目標を明確にする

　各単元では，はじめに単元の目標を明確にする。これは単元のねらいであり，指導者の指導目標，子どもの学習目標である。

　単元のねらいを作成する有力な手がかりは，学習指導要領と教科書である。学習指導要領には，各教科の目標や内容が学年・分野ごとに示されて

いる。教科書には，具体的な学習内容や教材の例が示されている。
　単元のねらいは観点別に細分化し，観点別評価のための評価規準と評価基準をつくる。

単元の評価規準を作成する

　評価規準は，評価領域と評価内容を解釈するよりどころである。単元の学習内容や育成する資質や能力を具体化し，細分化して作成する。
　細分化にあたっては，評価規準の示す範囲が大きすぎると評価があいまいになり，小さすぎると評価を集約する回数が多くなり煩雑になる。
　どの程度まで目標を細分化するかは，教科や観点の性格，単元の大小によって異なるが，各観点につき2〜3程度の評価項目を目安にする。

単元の評価基準を作成する

　評価規準で何を評価するかを明らかにした後に，どの達成段階をA，B，Cとするかの評価基準を決める。
　つまり評価基準は，評価規準への達成（到達）段階を判定するよりどころである。これが明確だと，授業中の子どもの観察や発展的学習や補充的学習などの個別支援を的確に行うことができ，また，指導後のA，B，C判定が正確になる。
　評価基準の決め方には，次のような場合がある。

- 達成の程度（実現の状況）を量的特徴から判定する場合

　テストの得点で表す場合が，この代表である。○点以上をAまたはBというように量的に設定する。もちろんテスト問題は，それぞれの観点にそった項目で構成されていなければならない。

- 達成の程度を質的特徴から判定する場合

　知識・理解はテストなどで点数化できるが，関心・意欲・態度などは，観察やその他の資料から質的に判断して，「〜の特徴が顕著にみられるからA」のように判定する。

3 評価規・基準表の作成

評価規・基準表の具体例と作成のポイント 小学4年「電池のはたらき」(13時間)①

単元の評価規準	評価場面（方法）	具体的評価目標
本単元のねらい 乾電池や光電池に豆電球やモーターなどをつなぎ、乾電池や光電池の働きを関係づけながら調べ、見いだした問題を興味・関心をもって追究したりものづくりをする活動を通して、電気の働きについての見方や考え方をもつようにする。 【自然事象への関心・意欲・態度】 ①乾電池や光電池に豆電球やモーターなどをつないだときの明るさや回り方に興味・関心をもち、すすんで電気の強さや向きの変化を調べようとする。 ②電気の働きを使ってものづくりをしたり、その働きを利用したものを見つけたりしようとする。 【科学的な思考】 ①乾電池の数やつなぎ方、光電池に当てる光の強さを変えて、回路を流れる電流の強さとその働きの違いを関係づけて考えることができる。 ②乾電池や光電池にモーターなどをつないだときに起こる現象の変化とその要因とのかかわりについて（…） 【観察・実験の技能・表現】 ①簡易電流計（…）電池の性質（…）ことができる。 ②豆電球の明るさやモーターの回り方の変化などを調べ、記録することができる。 【自然事象についての知識・理解】 ①乾電池の数やつなぎ（…）明るさやモーター（…）解する。 ②光電池を使ってモ（…）きることを理解する（…）	モーターの動きなどを変えるためにはどうしたらよいか要因を考え、話し合う場面 （…）モーター（…）ため（…）し、電池の数を変えて実験を行う場面 （行動観察・記録・発言分析） 電気の強さを変えるために電池のつなぎ方を変えて実験し、（…）きなどを確（…） （行動観察（…）分析） 電気の流れる量に着目し、（…） 光電池を使用し光の強さ（…）モーターの動き（…） 分析）	関① モーターなどの動きを変えるためにはどうしたらよいか要因を考え、それらを調べることに興味・関心をもつ。 技② 乾電池の数を変えたときの豆電球の明るさやモーターの動きなどを調べ、記録することができる。 思② 乾電池にモーターな（…） 思① 乾電池のつなぎ方を変えると回路を流れる電（…） 技① 簡易電流計などを操作し、電流の量を調べることができる。 知① 乾電池の数やつなぎ方を変えると、モーターの回り方などが変わることが説明できる。 知② 光電池は光が当たるとモーターを回すことなどができるはたらきを解説できる。 関② 電気の性質を使ったものづくりをする。

- 単元のねらいを観点別に細分化し、評価規準をつくる。各観点につき2～3つ程度を目安にする。
- 学習の展開に即して、評価場面や評価方法を具体化する。
- 評価しやすいように、評価規準をより学習場面に即した表現にする。
- 評価規・基準表で示す内容は子どもの学習の姿である。「～できる」「～しようとする」など、子どもを主体にして書く。
- 情意的目標と能力目標を混同しない。情意的目標は「～しようとする」などの傾向性で、能力目標は「～できる」と行動の可能性で表す。

第4章 観点別評価の手順と方法

十分満足できる（A）	おおむね満足できる（B）	努力を要する（C）
モーターの動きなどを速くするための要因を見つけ、その要因に興味・関心をもち、積極的に追究しようとしている。	モーターの動きなどを速くするための要因を見つけ、その要因に興味・関心をもっている。	モーターの動きなどを速くするための要因を見つけようとするが、その要因に興味・関心をもって追究しようとしていない。
乾電池の数を変えたときの豆電球の明るさやモーターの動きなどの現象を調べ、順を追ってまとめ、わかりやすく記録するとともに、乾電池の数が同じでもモーターの動きなどに違いが出ていることを記録している。
乾電池にモーターなどをつなぎ、モーターの動きなどに違いが起こる要因を見いだすだけでなく、電流量に関心をもち、さまざまな電流量の場合について仮説を立てている。	乾電池の数を変えたときの豆電球の明るさやモーターの動きなどの現象を調べ、順を追ってまとめ、わかりやすく記録する（…）	乾電池の数を変えたときの豆電球の明るさやモーターの動きなどの現象を調べようとはするが、実（…）
乾電池のつなぎ方を変えるとモーターの働きや豆電球の明るさなどが（…）がわかり、その現象を電流量（…）て考え、その違いを回路の違い（…）理して考えている。	乾電池のつなぎ方を変えると（…）	乾電池のつなぎ方を変え（…）などの働き（…）がわかる（…）結びつけて（…）
簡易電流計を用いて、その回路の部位に入れ、その部位の電流量を調べ自分の考えを確かめることができる。
乾電池の数やつなぎ方を変えるとモーターの回り方などが変わることを理解しているだけではなく、電流の大きさについての表現を用いて、電流量との関係で説明する記録まで行っている。	簡易電流計を用いて回路の部位を流れる電流量を測定する（…）	簡易電流計の回路接続がわからない。
光電池は光を当てると電気が発生することを理解し、また光の量や光電池の角度による電気の量の違いについても理解している。	光電池は光が当たると電気が発生することをとらえることができる。	光電池は光が当たると電気が発生することをとらえることができていない。
積極的に電気の性質を利用したものづくりを行い、工夫したあとが随所に見られる。	電気の性質を利用したものづくりを積極的に行おうとする。	ものづくりを行うが電気の性質を利用していない。

> 評価基準のA・B・Cの内容は、どの単元にも通用するものではなく、単元の学習内容や学習方法に即したものにする。

> 評価基準は、だれが読んでも同じ内容がイメージできるように書く。「理解する、わかる、知る」ではなく、「説明できる」などの行動目標で表す。

> Aは十分満足できる、Cはこの段階に放置してならない子どもの姿である。これを発展学習、補充学習の手がかりにする。

引用文献 ①北尾倫彦ほか編『新観点別学習状況の評価基準表・小学校理科』図書文化、2002

4 単元の指導・評価計画の作成

> 指導と評価の一体化のための全体デザインである。単元のねらいと評価規準・基準をもとに学習内容と指導方法を検討し，継続性，簡便さを意識して，評価場面と方法を選ぶ。

▶ 年間計画に基づいて次・時の指導と評価計画を立案する

単元の指導と評価計画を立てる際には，単元のねらいと評価規準・評価基準を確認し，教科書などを参考にしながら学習内容や指導方法について大まかな計画を立てる。

次に，年間計画によって配当時間を確認し，単元の次・時の指導と評価計画を立案する。使用する教材や指導方法，学習形態について具体化し，評価方法や評価場面を明らかにする。

▶ 具体的評価目標を明確にする

具体的評価目標とは，評価規準を子どもの活動や教材に即してより具体化した目標のことである。具体的評価目標の明確化は，評価場面の選択と関連して行う。単元の指導・評価計画の中で評価場面を特定し，そこに具体的評価目標を示すことで，子どもの具体的な姿が想起でき，客観性の高い評価ができる。

ここでは，目標の記述の仕方が大切である。だれが読んでも同じ子どもの姿がイメージできる記述になるように配慮する。

▶ 各観点の趣旨に合った評価場面を選ぶ

観点別学習状況を評価するには，単元の学習指導の中で各観点の趣旨に最も適した場面を選び，重点的に評価資料を集めるようにする。

国語の「話す・聞く能力」「書く能力」，音楽の「表現の技能」，体育の

単元の指導・評価計画の例（中学3年「運動とエネルギー」15時間，部分）[1]

次	時	学習の流れ	評価規準	評価方法
第一次	①②	● 導入：運動には速さと向きがあることを見いださせる。 ● 説明：「平均の速さ」と「時間の速さ」の違いについて知る。 ● 課題提示：記録タイマーを使って手の動きを記録し，その速さを求めてみよう。 ● 課題解決：各自自分の手の動きを記録タイマーで記録し，速さを求める。	関① 技① 技②	発言 ワークシート ワークシート
第二次	③④⑤	● 課題提示：斜面を下る台車の運動について調べよう。 ● 実験とデータ収集：角度の異なる2つの斜面を使って，台車の下る運動について調べる。 ● データの分析と発表：記録テープの打点をもとに，台車の速さの変化について発表する。 ● まとめ：力が働く物体の運動では，その速さや向きが変わることをまとめる。	関① 技① 知②	発言 データ資料，ワークシート ペーパーテスト
第三次	⑥⑦	● 課題提示：力が働かないときの運動を調べよう。 ● 実験とデータ収集：水平な台の上で台車を走らせ，その運動について調べる。 ● データの分析と発表：記録テープの打点をもとに，台車の速さと時間，移動距離と時間などの関係を表すグラフを作成し発表する。 ● まとめ：等速直線運動についてまとめる。	関① 技① 知②	発言 ワークシート ペーパーテスト

●学習の流れのどこで，何を，どのように評価するかを示す

「運動の技能」のように，評価する場面が特定しやすい観点もあるが，評価のしやすさだけでなく，あくまでも各観点の趣旨に合った評価場面の選択が大切になる。

関心・意欲・態度は子どもの行動や発言が手がかりになるので，活動の多い学習場面で評価する，思考力や判断力は発表や作品が手がかりなるので単元の終末場面で，といった具合である。

さまざまな評価技法を工夫する

各観点の評価には，それに合った評価技法を利用する。

「知識・理解」の評価はペーパーテストでもよいが，「思考・判断」は授業での発言・発表やノート，レポートなどの資料が活用できる。「技能・表現」は，演技・作品や観察などが評価の手がかりとなる。「関心・意欲・態度」は，自己評価や相互評価を加える方法などが考えられる。

引用文献　[1]北尾倫彦ほか編『観点別評価実践事例集・中学校理科』図書文化，2003

5 毎時の授業の立案と実践

授業にはいつもフィードバックとしての評価がある。しかし限られた時間で全員を評価するのは困難である。簡便で継続可能な評価にするため，単元を見通した評価資料収集を工夫する。

▶ 授業立案の前提になること

　授業立案の前に，単元で設定された指導目標と各観点の評価規準・評価基準，また評価場面・評価方法を確認する。そして，前時までに指導してきた子どもの様子や特徴を整理し，本時の授業立案にとりかかる。

▶ 本時の目標を決める

　学習指導案に示す本時の目標を2，3項目に重点化する。ここでは単元の指導・評価計画と単元の観点別目標を踏まえ，前時までの学習経過と子どもの実態をよく見きわめて，特に重要なものを目標として取り上げる。

▶ 学習過程・評価場面を立案する

　本時の目標が達成できる学習過程を立案し，指導と支援の手だてを工夫する。本時の目標にそった評価の観点も明らかにし，どの場面でどのような方法で評価するかを明示する。それらを学習指導案の中で明示する。

▶ 教材・発問を工夫する

　教材と発問の工夫は，子どもが意欲をもって学ぶ授業づくりの核心である。各教科の観点で示された能力や態度を育てるためにも，よく検討する。

▶ 学習形態・教育機器を選択する

　学習形態と教育機器の選択は，本時の目標の達成に欠かせない。これら

●特徴的な子どもの様子は観点ごとに記録に残しておく

は，各教科の観点で示された能力や態度を育てると同時に，授業中に観点別評価を行う手がかりになる。

授業中は子どもをよく観察し支援する

　授業は，指導と評価が一体化して進行する。教師は，単元の評価規準・評価基準に照らして子どもの様子を見ながら指導法を調整し，繰り返したり確かめたりする。

　観点別評価では，この活動を評価の観点にそって行う。理科であれば，自然事象への関心・意欲・態度はどうか，科学的な思考はどうか，観察・実験の技能・表現はどうか，などと確かめていく。

　その際，前もって設定した評価基準のB段階を頭に入れておく。それによりA段階，C段階の子どもを見分け，適切な発展課題を与えたり支援をしたりすることができる。

　子どもの特徴的な学習状況は記録に残し，授業後に整理する。

6 「関心・意欲・態度」の評価

> 「関心・意欲・態度」では主体的に学ぶ力の育ちをみとる。継続的な観察を中心に，発表，作品，自己評価，相互評価などを組み合わせて，子どもの内面や行動の傾向性を評価する。

▶「関心・意欲・態度」の趣旨と内容

「関心・意欲・態度」の観点は，関心や意欲をもって進んで学習に取り組もうとする態度を学力の一側面とみる学力観から生まれている。

教材や指導法を工夫して「関心・意欲・態度」を育て，それによって各教科がめざす「思考・判断」「技能・表現」「知識・理解」も向上させるのである。

「関心・意欲・態度」の趣旨は，次のように，各教科の特性が反映されたものになっている。

〈小学校国語（国語への関心・意欲・態度）〉
　国語に対する関心をもち，国語を尊重し，進んで表現したり理解したりするとともに，伝え合おうとする。

〈小学校図画工作（造形への関心・意欲・態度）〉
　自分の思いをもち，進んで表現や鑑賞の創作活動を楽しみ，つくり出す喜びを味わおうとする。

▶各単元における「関心・意欲・態度」の指導

各単元では，「関心・意欲・態度」の評価を考える前に，「関心・意欲・態度」を育てる指導の工夫を考える。

国語の「国語に関心をもち，進んで表現したり伝え合ったりする態度を養う」ためには，子どもが関心をもつ学習材と，表現したり伝え合ったりする学習の場を用意する。

図画工作の「自分から進んで創作活動を楽しみ，つくり出す喜びを味わおうとする」ためには，子どもが取り組みたくなる題材を用意し，楽しんで創作活動ができる学習場面と支援の方法を工夫する。

◗「関心・意欲・態度」を評価するポイント

「関心・意欲・態度」を評価するむずかしさは，子どもの内面的傾向を外面的な観察によってとらえる点にある。しかし，そこで外面的にみられた積極的な学習態度であっても，長く続くものであるかを見きわめる必要がある。このように「関心・意欲・態度」は，他の観点にもまして，子どもの深い観察と一人一人の変容をみる力が要求される。

◗「関心・意欲・態度」の評価の実際

各単元では「関心・意欲・態度」の趣旨を学習内容にそって具体化し，評価規準と評価基準を明らかにして指導と評価を行う。

● 「関心・意欲・態度」の趣旨

例えば小学校算数「算数への関心・意欲・態度」の観点の趣旨は，次のように示されている。

〈趣旨〉

　数理的な事象に関心をもつとともに，活動の楽しさや数理的な処理のよさに気付き，日常の事象の考察に進んで生かそうとする。

〈学年別の評価の観点の趣旨〉（第3・4学年）

　知識や技能などの有用さ及び数量や図形の性質や関係を調べたり筋道を立てて考えたりすることのよさに気付き，進んで生活に生かそうとする。

これらは，単元の「関心・意欲・態度」の指導目標を立てる指針になる。

授業では，子どもが自分で調べたり筋道を立てて考えたりする場面を工夫する。そのうえで，子どもがそのよさに気づいたり，進んで生活に生かそうとしたりしているかを観察する。同時に，必要な学習支援も行う。

● 「関心・意欲・態度」の評価規準と評価基準の例

第4学年算数の単元「三角形と角」の「算数への関心・意欲・態度」で

6 「関心・意欲・態度」の評価

は，次のような評価規準と評価基準が考えられる。

〈評価規準〉

①身の回りから，二等辺三角形や正三角形のものや，角度を活用しているものを見つけようとする。

②二等辺三角形や正三角形についての観察や作図などの活動を通して，それらの性質や関係，さらに角について調べようとする。

③図形のもつ美しさに関心をもち，進んでしきつめなどの模様づくりをする。

〈評価基準（①について）〉

A：身の回りから，二等辺三角形や正三角形の形をしたものを見つけようとし，見つけたものがなぜその形なのか，その有用さについても考えようとしている。

B：身の回りから，二等辺三角形や正三角形の形をしたものを見つけようとしている。

C：関心をもたず，身の回りから二等辺三角形や正三角形の形をしたものを見つけようとしていない。

● **評価場面と評価方法**

「関心・意欲・態度」の評価は，授業中の観察が有効な方法の1つであり，子どもが二等辺三角形や正三角形のものを見つけた発言やノートなどを手がかりにする。得られた評価資料は補助簿や個人カードに記録する。

上記の評価基準では，例えば「B」は，トライアングルや屋根など二等辺三角形や正三角形の例をあげるにとどまるが，使いやすさや美しさの有用性まで考えようとしている場合は「A」と判定する。「B」の子どもには，どうして二等辺三角形になるのかを問いかけ，「A」に高める手だてを講じる。

「C」の段階にとどまっている子どもについては，なぜ二等辺三角形や正三角形の形をしたものを見つけようとしないのかを，個別的な対話を通して見つけ出し，二等辺三角形や正三角形の意味がわからないのか，考える手がかりがわからないのかなどをよく見きわめ，例示などの個別支援を行う。

第4章 観点別評価の手順と方法

「関心・意欲・態度」の評価のポイント

①よく観察する

あれっどうしたのかな

②対話する

今日のサッカー楽しかった？

あんまり…

③記録・作品・表現をみる

ずいぶん練習してたもんなぁ

●外面に現れたことがらから，子どもの内面を読み取る

参考文献　長瀬荘一『関心・意欲・態度（情意的領域）の絶対評価』明治図書，2003
　　　　　「指導要録の改善通知」文部科学省，2001

7 「思考・判断」の評価

「思考・判断」では，新しい考えや合理的な結論を生み出す思考力や判断力を評価する。各教科が求める思考力・判断力の内容は異なるため，教科の特性に合った評価方法を工夫する。

▶「思考・判断」の趣旨と内容

「思考・判断」は，新しいアイデアを生み出したり，合理的な結論を導き出したりする思考力や判断力のことである。

これらは，生きる力で求められている問題発見能力や問題解決能力につながる力であり，今後の学習指導でいっそう充実が期待される。

「思考・判断」は，教科の特性により，そのままこの言葉が評価の観点に用いられている場合と，そうでない場合がある。社会の「社会的な思考・判断」や理科の「科学的な思考」は前者であり，そこでは社会的事象や自然事象についての思考力や判断力が求められる。算数の「数学的な考え方」や数学の「数学的な見方や考え方」も，これと同様の趣旨である。

いっぽう，国語，音楽，家庭などのように，「思考・判断」がそのまま評価の観点に用いられていない教科もある。この場合は，国語「話す・聞く能力」「書く能力」，音楽「音楽的な感受や表現の工夫」，家庭「生活を創意工夫する能力」などの観点の中に，教科が求める思考力や判断力が含まれている。

▶「思考・判断」を評価するポイント

「思考・判断」の評価では，評価規準と評価基準を決め，それを念頭におきながら子どもをよく観察する。

授業中の観察以外にも，テスト問題や作品・演技などの内容から一人一人の思考力や判断力を評価する。評価のポイントをまとめると以下のよう

になる。
① 発表や活動の場をつくって,自分の考えを表現させる
② 評価規・基準表を念頭におき,子どもをよく観察する
③ テストでは,知識の量ではなく,思考や判断の力をみる
④ 実技では,子どもの工夫によく目を向ける
⑤ 作品や提出物での,子どもの気づきやこだわりを見落とさない

「思考・判断」の評価の実際

各単元では「思考・判断」の趣旨を学習内容にそって具体化し,評価規準と評価基準を明らかにして指導と評価を行う。

● 「思考・判断」の趣旨

小学校社会では,「社会的な思考・判断」の趣旨と学年別の趣旨(第6学年)は次のようになっている。

〈趣旨〉

社会的事象から学習の問題を見いだして追究・解決し,社会的事象の意味を考え,適切に判断する。

〈学年別の評価の観点の趣旨〉(第6学年)

我が国の歴史と政治及び際理解に関する社会的事象から学習の問題を見いだして追究・解決し,社会的事象の意味をより広い視野から考え,適切に判断する。

● 「思考・判断」の評価規準と評価基準の例

第6学年の単元「武士による天下の統一」の「社会的な思考・判断」では,次のような評価規準と評価基準が考えられる。

〈評価規準〉

①信長や秀吉による天下統一の様子について問題意識をもち,学習の見通しをもって追究・解決する。

②戦乱の世の中がしだいに統一されていった様子や,信長や秀吉の働きをその業績をもとに考えることができる。

〈評価基準(②について)〉

A:新しい考えで統一の基礎を築いた信長,それを継承発展させて天下

を統一した秀吉の働きを，二人の業績や生き方を比較したり関連づけたりして考えることができる。
B：二人の業績から，信長が統一の基礎を築き，それを受け継ぎ天下を統一した秀吉の働きについて考えることができる。
C：天下の統一に貢献した信長，秀吉の働きについて考えることができない。

- **評価場面と評価方法**

「社会的な思考・判断」は，子どもの発表や作品また試験の課題についての解答などをもとにして評価する。

子どもが授業で信長と秀吉の歴史的業績を的確に取り上げ，それらを比較・関連させる発言や発表が見られた場合には「A」と判定し，補助簿や個人カードなどに記録する。いっぽう，信長と秀吉の業績について述べてはいるが，両者を比較した考察がなされていない場合には「B」と判定する。こうした評価基準は，子どもが書いたノートや作品についても同じように当てはめて判定を行う。

試験によって「社会的な思考・判断」を評価したい場合は，信長と秀吉の歴史的業績を単答式に答えさせるだけでなく，それを比較するとどんな意味があるのかを考えさせる問題を作成する。例えば，信長は安土で商人や職人が自由に商工業を行えるようにしたが，秀吉はその制度を受け継ぐとともに，武士，町人，農民の身分の分離，また検地や刀狩りによって武士が支配する社会をつくろうとした，などについて考えさせる問題を作る。

「C」の「信長，秀吉の働きについて考えることができない」段階から「B」に進むことができない子どもがいる場合には，ごく一部の子どもがそうなのか，多くの子どもがそうなのかを見きわめる。多くの子どもがその状況ならば，それまでの指導過程に問題があったのであり，一斉指導により繰り返して指導したり，補充的な指導を行ったりする。ごく少数の子どもに限られる場合には，ノートや個別の対話を通して何が思考や判断の障害になっているのかを探り，あらためて教科書を解説したりヒントを与えたりして学習支援をする。

第4章　観点別評価の手順と方法

「思考・判断」の作問のポイントと問題例

> **思考・判断の作問のポイント**
>
> ① 知識を問うのではなく，知識をもとにして考えさせる
> ② 統計資料，グラフ，実験結果などの事実を示して考えさせる
> ③ 結論だけでなく，結論を導いた根拠や理由も答えさせる
> ④ 一問一答式だけでなく，一問多答式の問題に答えさせる
> ⑤ 記述式の問題で，考えた過程を文章で表現させる

【例】中学校社会科—資料をもとに分析する[1]

下の資料は，タイの主要輸出品輸出額ランキングを1970年から2000年にかけて10年ごとに表したものです。これを見て，タイ経済の変化について述べなさい。

	1970年	1980年	1990年	2000年
1位	コメ	コメ	衣類	データ処理機器，部品
2位	天然ゴム	タピオカ	データ処理機器，部品	IC
3位	トウモロコシ	天然ゴム	宝飾品	衣類
4位	スズ	スズ	コメ	車両，部品，アクセサリ
5位	タピオカ	トウモロコシ	タピオカ製品	化学品

（タイ中央銀行（1970年および80年），タイ商務省（1990年及び2000年），各年代の『世界国勢図会』より作成）

【例】中学校数学—文章を読んで立式するために論理的に考える[2]

> 同じ値段のノートを3冊と，1本50円の鉛筆を12本買って，1000円出したら，40円おつりがきました。このノート1冊の値段を求めたいと思います。
> ノート1冊の値段をx円として方程式をつくりなさい。

引用文献
[1] 北尾倫彦ほか編『新しい観点別評価問題集・中学校社会』図書文化，2004
[2] 国立教育政策研究所教育課程研究センター『平成13年度 小中学校教育課程実施状況調査報告書・中学校数学』ぎょうせい，2003

8 「技能・表現」の評価

> 「技能・表現」の評価は，その優劣を見分ける判別力と子どもの観察力を必要とする。ペーパー，作品，実技など評価内容に合った方法を選択して，子どもの力を正確にとらえる。

◗ 「技能・表現」の趣旨と内容

　各教科には，社会「観察・資料活用の技能・表現」，算数「数量や図形についての表現・処理」，理科「観察・実験の技能・表現」のように，教科で育てるべき固有の「技能・表現」がある。

　これらは，知識や体験に裏づけられた自己表現につながる学力の重要な一側面である。

　このほかにも，音楽の「音楽的な感受や表現の工夫」や「表現の技能」，図画工作の「創造的な技能」，家庭の「生活の技能」などの観点が設定されている。また，「技能・表現」とは表記されていないものの，国語「話す・聞く能力」「書く能力」「読む能力」や外国語「表現の能力」「理解の能力」などは関連の深い観点である。

◗ 「技能・表現」を評価するポイント

　「技能・表現」の評価においては，その単元で子どもに求める技能・表現のレベルが指導者の中で明確になっていることが重要である。

　各単元では，学習内容に即した具体的な「技能・表現」の評価規準と評価基準を決め，それを頭の中に整理しておく。

　次に，子どもが技能や表現力を向上させる学習の場が多くもてる指導計画を立案する。

　授業では，子どもが練習したり発表したりする場面をとらえ，補助簿や指導記録などと照らしながら注意深く観察を進める。

子どもは，練習した成果を教師に認められたいのであり，それがかなうとさらに練習意欲が高まる。子どもの上達を見逃さずに評価し，言葉をかけて励ますことが大切である。
評価のポイントをまとめると以下のようになる。
① 評価の前に，技能・表現の力を育てる工夫をする
② 授業では，子どもの練習や表現の機会を多くもつ
③ その単元で重点をおく評価の観点を決めておく
④ 補助簿などに，子どもの進歩の様子を記録する
⑤ 形成的評価を取り入れて，途中の課題を明らかにする

「技能・表現」の評価の実際

各単元では「技能・表現」の趣旨を学習内容にそって具体化し，評価規準と評価基準を明らかにして指導と評価を行う。

●「技能・表現」の趣旨

小学校理科では「観察・実験の技能・表現」の「趣旨」と「学年別の評価の観点の趣旨」（第5・6学年）は次のようになっている。
〈趣旨〉
　自然事象を観察し，実験を計画，実施し，器具や機器などを目的に応じて工夫して扱うとともに，それらの過程や結果を的確に表現する。
〈学年別の評価の観点の趣旨〉（第5・6学年）
　問題解決に適した方法を工夫し，装置を組み立てたり使ったりして観察，実験やものづくりを行い，その過程や結果を的確に表現する。

●「技能・表現」の評価規準と評価基準の例

第5学年理科の単元「流れる水のはたらき」の「観察・実験の技能・表現」では，次のような評価規準と評価基準が考えられる。
〈評価規準〉
①流れる水の速さや量の変化を調べる工夫をし，モデル実験の装置を操作し，計画的に実験することができる。
②安全で計画的に野外観察を行ったり，映像資料などを活用したりして調べ，記録することができる。

8 「技能・表現」の評価

〈評価基準（①について）〉
A：流す水と地面の変化の様子を計画的に調べ，曲がった流れでは，外側は流れが速くよく削られ，内側は流れが遅く土や砂が積もることを記録することができる。
B：流す水の速さや量を計画的に変えて地面の変化の様子を調べ，カードなどに記録することができる。
C：流す水の速さや量を変えて調べ記録することはできるが，条件を制御する必要性を意識していない。

● **評価場面と評価方法**

「観察・実験の技能・表現」の評価は，授業で子どもが観察や実験を行う場面が中心となる。教師は一人一人をよく観察し，必要な指導を行うとともに，子どもの様子を補助簿や個人カード等に記録する。

上記の評価基準で「A」と判定できるのは，水の量や速さを変えると地面は曲がった流れの外側と内側とで削られ方が違い，また流れの速さや土や砂の積もり方にも違いがあることにまで観察の目が行き届いている場合である。また，それが観察記録にきちんと書かれていることも必要である。

これに対して，流す水の量や速さを変えると地面の変化に違いのあることは書かれているが，抽象的な記述にとどまり，地面の内側と外側の違いなど，細かな観察に至っていない場合には「B」と判定する。

「C」の段階にとどまる子どもの具体的な姿としては，水を流すことは面白がってするが地面の変化の観察をしようとしない，また観察はするが，その結果をカードに書こうとしない，などの場合が考えられる。

もちろん，このようなA，B，Cの判定は，あらかじめ何の指導もなされずに行われるのではなく，それまでに教師の指導があって成立することを忘れてはならない。しかし，事前にそうした指導が行われていたとしても，子どもが実際に行う観察・実験の様子はさまざまであり，授業中にグループや個人で観察・実験を行っている際によく観察し，教師の記録に残しておくことが必要である。

技能・表現をテスト化するポイントと課題の例

> **「技能・表現」をテスト化するポイント**
>
> ① 評価内容に応じてペーパー，作品，実技などを選択する
> ② 速さ・正確さ・豊かさなど，評価の観点を明確にする
> ③ 技能のペーパーテストでは，到達段階を分けて作問する
> ④ 表現力は，評価内容を焦点化してから課題にする
> ⑤ 評価場面を多くして，子どもの力を正確にとらえる

【課題例】中学校理科「電流と回路」のパフォーマンステスト問題[1]

次の回路図どおりに配線をし，下の表の空欄をうめるように測定をしなさい。ただし，表中の電圧は，電圧計の示す値です。なお，測定値には単位も書きなさい。

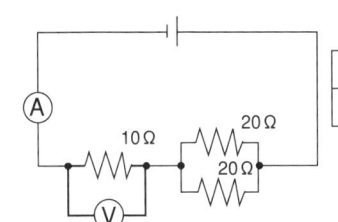

電圧〔V〕	1.0	2.0	3.0	4.0	5.0	6.0
電流〔　〕						

[評価基準]
次の8項目の評価の観点で，
評定A：7項目以上クリアしている。
評定B：5～6項目クリアしている。
評定C：4項目以下しかクリアできていない。

①リード線を使って，配線が正しくできている。
②電流計の接続が正しくできている。
③電圧計の接続が正しくできている。
④電流計の一端子が適切に選ばれている。
⑤電圧計の一端子が適切に選ばれている。
⑥電圧を変化させて，流値の測定が正しくできている。
⑦測定した電流の単位が正しく書けている。
⑧決められた時間内に測定を終了できる。

引用文献 [1] 角田陸男「パフォーマンス評価の実践的研究（3）」『指導と評価』Vol. 47-6, pp.48-51

❾「知識・理解」の評価

> 「知識・理解」は，思考力・判断力だけでなく表現力の基礎にもなる。テスト，発表，実験記録など多様な方法で，知識量だけでなく知識間の関連づけや理解の深さもとらえる。

◗「知識・理解」の趣旨と内容

　「知識・理解」は，学習内容に対しての「知る」「わかる」を評価する観点である。

　「知識・理解」は，これまでも重視されてきたが，近年，知識偏重の教育に対する批判や主体的な学習意欲を重視する学力観が誤って理解されたことなどから，結果としてこれを軽視する風潮が起きた。

　しかし「知識・理解」は，学ぶ意欲や態度，また総合的な学習に象徴される主体的学習と相反するものではない。

　子どもたちが将来にわたってたくましく生きるためには，自ら考え，判断し，表現する思考力・判断力・表現力が不可欠であり，その基盤としての「知識・理解」を確実に身につけさせる必要がある。

◗「知識・理解」を評価するポイント

　「知識・理解」の評価では，知識の多さや豊かさとともに，理解の確かさや深さもみる必要がある。これらを，テスト，ノート，発表，討論，作品，提出物などによって多面的に評価する。

　テスト問題を作成するときは，指導した内容について出題すること，基礎的問題から応用問題まで到達段階に合わせて出題することなどに配慮する。

　テストでは「思考・判断」の問題もよく出題されるため，「知識・理解」を問うのか「思考・判断」を問うのかなど，出題者が意図を明確にして作

問する。

　以下，「知識・理解」の評価のポイントをまとめておく。
　① 授業では，子どもの特徴的な発言や質問に注目する
　② テスト問題を工夫し，子どもの理解度を正確にみる
　③ 知識の多さだけでなく，知識の関連づけや理解度もみる
　④ 発表・討論の場でも，知識の豊かさや理解の深さをみる
　⑤ 作品・提出物に表れる子どもの知識・理解を見逃さない

「知識・理解」の評価の実際

　各単元では「知識・理解」の趣旨を学習内容にそって具体化し，評価規準と評価基準を明らかにして指導と評価を行う。

● 「知識・理解」の趣旨

　小学校理科では「自然事象についての知識・理解」の「趣旨」と「学年別の評価の観点の趣旨」（第6学年）が次のように示されている。

〈趣旨〉
　自然事象の性質や規則性，相互の関係などについて理解し，それらについての考えをもっている。

〈第6学年〉
　生物は互いに類似した体のつくりと働きをもち環境とかかわって生きていることや，物に外から条件を加えると物の性質や働きが変わること，土地のつくりと変化にはきまりがあることなどを理解している。

● 「知識・理解」の評価規準・評価基準の例

　第6学年理科の単元「ものの燃えかたと空気」の「自然事象についての知識・理解」では，次のような評価規準と評価基準が考えられる。

〈評価規準〉
　植物体が燃えるときには，空気中の酸素が使われて二酸化炭素ができることを理解する。

〈評価基準〉
　A：大気中の気体の成分と比率を理解し，集気びんの中の酸素の量によって，物が激しく燃えたり緩やかに燃えたりすることや二酸化炭

素には物を燃やす働きがないことを理解している。
B：酸素には物を燃やす働きがあり，二酸化炭素には物を燃やす働きがないことを実験で確かめ，理解している。
C：酸素そのものが燃えたり，二酸化炭素が火を消すという理解になっている。

- **評価場面と評価方法**

「知識・理解」の評価で最もよく行われる方法は試験（テスト）である。試験には，授業中に行う小テスト，単元の終わりに行う単元テスト，学期の中間や終末に行う定期試験などがある。試験によって「知識・理解」を評価する場合には，これらを組み合わせて実施することが望ましい。

問題作成については，この単元のように「植物体が燃えるときには，空気中の酸素が使われて二酸化炭素ができること」について「知識・理解」を評価する場合は，「物が燃えるときには空気中の（　　　）が使われて（　　　）ができる」などの適語補充問題や「（　　　）物が燃えるときには空気中の二酸化炭素が使われて酸素ができる」などについて○×をつける真偽判定問題などを作る方法が考えられる。

これ以外にも，いくつかの真偽入り交じった文を提示しその中から正しい文を選ばせる多肢選択問題，「紙や木を燃やすと空気中に何ができますか。それはどのような方法で確かめることができるでしょう？」などの問題場面を提示して文章を書かせる記述問題を作る方法が考えられる。

また，この単元のような「自然事象についての知識・理解」は試験以外の方法で得られた資料も評価に活用することが可能であり，授業中の発言や発表，ノートや実験の記録カードなどの内容をもとに「知識・理解」の程度を推測することができる。実際には，これらの結果と試験の結果を総合して上記のA，B，Cの評価基準を当てはめて判定する。

特に評価が「C」段階にとどまる子どもについては面接を通して個別の学習状況を把握し，"なぜ理解ができないのか""なぜ定着しないのか"を調べる。そして，その原因を除くために，さらにわかりやすい説明を加えたり，反復練習をさせるなどの必要な補充的指導を行うことが求められる。

知識・理解をテスト化するポイントと問題例

> **「知識・理解」をテスト化するポイント**
>
> ① 知識の断片ではなく，理解を伴った知識について問う
> ② 出題範囲が偏らないよう，学習内容から万遍なく出題する
> ③ 基礎から応用まで，さまざまな到達段階の問題をつくる
> ④ 理解については，知識との関連づけや応用する力をみる
> ⑤ １回で判定しようとせず，何回か繰り返してテストする

【例】中学校数学―文字式の利用 [①]

A群の内容を文字を使った式に表すとどのような形になりますか。
それぞれB群から選び，番号で答えなさい。

A群			B群			
ア	奇　数	(　)	① 2a		⑥	10a+b
イ	2けたの数	(　)	② 2a-1		⑦	$\frac{1}{2}ab$
ウ	3の倍数	(　)	③ 3a		⑧	3a+b
エ	長方形の面積	(　)	④ ab		⑨	$\frac{1}{2}(a+b)c$
オ	三角形の面積	(　)	⑤ a+b		⑩	πa^2

【例】中学校英語―英文の情景を絵に表す [②]

次の英文を読んで，思い浮かぶ情景を下の□の中に描いてください。

> We can see a beautiful mountain that is covered with snow on the top like Mt.FUJI. There is a big lake on the left of this picture. Three boys who are wearing caps are playing soccer in the park near the lake. On the right side of the picture, there are two high trees. By the tree there are some cows that are eating glasses and smiling. Now it is early winter and a little cold.

引用文献
① 北尾倫彦ほか編『新しい観点別評価問題集・中学校数学』図書文化，2004
② 北尾倫彦ほか編『新しい観点別評価問題集・中学校英語』図書文化，2004

資料　各教科の評価の観点【中学校】

- 国　語
  - 国語への関心・意欲・態度
  - 話す・聞く能力
  - 書く能力
  - 読む能力
  - 言語についての知識・理解・技能

- 社　会
  - 社会的事象への関心・意欲・態度
  - 社会的な思考・判断
  - 資料活用の技能・表現
  - 社会的事象についての知識・理解

- 数　学
  - 数学への関心・意欲・態度
  - 数学的な見方や考え方
  - 数学的な表現・処理
  - 数量, 図形などについての知識・理解

- 理　科
  - 自然事象への関心・意欲・態度
  - 科学的な思考
  - 観察・実験の技能・表現
  - 自然事象についての知識・理解

- 音　楽
  - 音楽への関心・意欲・態度
  - 音楽的な感受や表現の工夫
  - 表現の技能
  - 鑑賞の能力

- 美　術
  - 美術への関心・意欲・態度
  - 発想や構想の能力
  - 創造的な技能
  - 鑑賞の能力

- 保健体育
  - 運動や健康・安全への関心・意欲・態度
  - 運動や健康・安全についての思考・判断
  - 運動の技能
  - 運動や健康・安全についての知識・理解

- 技術・家庭
  - 生活や技術への関心・意欲・態度
  - 生活を工夫し創造する能力
  - 生活の技能
  - 生活や技術についての知識・理解

- 外国語
  - コミュニケーションへの関心・意欲・態度
  - 表現の能力
  - 理解の能力
  - 言語や文化についての知識・理解

第5章

総合的な学習の評価

1　総合的な学習の評価の考え方
2　評価の観点
3　評価方法の工夫（ポートフォリオ）

1 総合的な学習の評価の考え方

総合的な学習では，子どもによる問題の発見や解決を通して学び方を育て，生き方につなげる。体験やものづくりや調べ活動などの多面的な学びを行わせ，表現の機会を設けて評価する。

▶ 総合的な学習のねらい

　学習指導要領に示された「総合的な学習の時間」（以下，総合的な学習）のねらいは，小学校，中学校いずれの場合も同じで，次の3つである。
Ⓐ　自ら課題を見付け，自ら学び，自ら考え，主体的に判断し，よりよく問題を解決する資質や能力を育てること。
Ⓑ　学び方やものの考え方を身に付け，問題の解決や探究活動に主体的，創造的に取り組む態度を育て，自己の生き方を考えることができるようにすること。
Ⓒ　各教科，道徳及び特別活動で身に付けた知識や技能等を相互に関連付け，学習や生活において生かし，それらが総合的に働くようにすること。
　　Ⓐは，子どもによる問題の発見と解決をさせて，Ⓑは，学び方を身につけさせ，生き方を考えさせることをねらっており，Ⓒは，教師サイドで総合的な学習以外の学びと関連づけたり，統合させる"学習の転移"の必要性を述べたものである。
　学習指導要領には，これらの"ねらい"と"時間"の制約（小学校は3学年以上で週3時間程度，中学校では週2〜4時間程度）が示されているのみで，各教科のように目標や内容は定められていない。教科書もないし，ペーパーテストによる評価にもなじまない。

▶ 総合的な学習のデザインのポイント

　このように総合的な学習は，学校や教師の裁量の余地が大きいために，

第5章　総合的な学習の評価

問題の型と学習の難易度

	動植物育て・ものづくり	意義深い問題の追究
単一問題型 （評価の観点が少ない）	やさしい 同じものを育てたり，作ったりする	ややむずかしい 同じ問題に取り組む
複数問題型 （評価の観点が多い）	ややややさしい 異なるものを育てたり，作ったりする	むずかしい 1つの問題を細分化して，同時に，しかし別々の子どもが取り組む

（吹き出し）いろんな問題があるとわかったこと自体がすばらしいね

（吹き出し）いろんな問題がありすぎてどう解決すればいいのかわかりませんでした

●解決のむずかしい問題を扱う学習では，結果よりもプロセスを評価する

「『目標』や『内容』が明確でなく検証・評価が不十分な実態や，教員の必要かつ適切な指導を欠き，教育的な効果が十分上がっていない取組」（平成15年10月の中教審答申）もある。そうならないために，総合的な学習のデザインの際に，次のポイントを押さえておきたい。

(1) 教師は，これまでの子どもの作品や発表会，そして，学校カリキュラムの進め方を念頭に置きながら，総合的な学習で取り組ませたい課題を，最終的な学びの結果をイメージしながら構想する。

(2) 教師の課題から導き出す子どもによる問題づくりは，共通の体験をさせたり，関心事に注目して，ゆっくりと時間をかけて耕すように行う。

(3) 問題の型によって，全体的な目標と流れを思い描く。例えば，ものづくりや生き物育ては，手順がはっきりしているので，労力は要するが比較的やさしい。しかし，環境問題や国際理解などは，大人でさえ解決することがむずかしいので，問題を追究すること自体にその学習の意義を見いだす。

(4) 子どもが取り組みたい問題が明確になった段階で、発表会や報告書づくり、検討会などの日程と評価の方法を子どもにも知らせる。
(5) 費用や時期なども考慮しながら、必ず一度は子どもが体験をする機会を用意する。体験には、その前の準備と後のまとめが必要なので、時間的余裕を十分とる。
(6) 発表会や報告書づくりは、中間および最終の形で2回は行う計画を立てる。また、学びの節目の後に教師と子ども、あるいは、子ども同士の検討会を設ける。

学習デザインの中に評価を埋め込む

実は、ここに述べた総合的な学習のデザインの中に、さまざまな評価の手立てが埋め込まれている。例えば、(1)に示すように、デザイン段階で最終的な学びの結果をイメージすることによって、評価のあり方まで検討せざるをえなくなる。(6)は、フォーマルな発表会であり、同時に評価の場だが、(4)の発表会や報告書づくりや検討会などの日程と評価方法を子どもに知らせるのは、子どもが、学びの現状を評価して、それらの日程に合わせて主体的に学びを展開することにもつながるだろう。(5)の体験後のまとめは、学んだ事柄を評価する機会となるとともに、体験の前でも子どもが質問を用意したり、体験の着眼点を考えることがあるだろう。それは、子どもが自らの学びの現状を評価しているということである。

総合的な学習の評価のポイント

● 最終的な学習結果をイメージして、評価の仕方を考えておく

「…を理解する」「…を考える」「…の態度を育てる」というような目標設定では、どのように評価すればよいのかわからない。すると、目標は高邁だが、評価は主観的であいまいということになる。そのようにならないためには、子どもたちに総合的な学習の最後にどのような学びの発表をさせるのかということを事前に考えておくのがよい。発表して自己評価するだけでなく、発表相手が書いた感想も相互評価として役立つ。

●問題の型によって学習の難易度を推定し，目標を定める

P.129の表に示すように，動植物を育てるとかものをつくる総合的な学習は，手順が明確なので比較的簡単で，学習結果も評価しやすい。いっぽう，現代的な課題の解決をテーマにした学習の場合には，学習結果それ自体を評価するのはなかなかむずかしい。例えば，学校のそばを流れる川の汚れを取り上げたが，平行して走る道路や近くの山の木の伐採も川の汚れと関連しており，結局，複合的な問題のために有効な解決策を示せなかったという実践がある。このような場合には問題追究のプロセスに意義深さを求めて評価すればよい。

●中間発表会の自己評価・相互評価で学習計画を修正する

総合的な学習の成果を表現する機会が最終発表会だけならば，学び足りなかったことや新たに気づいたことを学び直すという敗者復活のチャンスはない。そこで，ある程度の学びができた段階で中間発表会を設けて，子ども自身や子どもたち相互でよいところや改善点を出させて，自己評価と相互評価をさせる。また，子どもたちは，この中間発表会が契機になって，最終発表会までにしっかりとした学習スケジュールを立てて，ほかの子どもの学びを見習いながら，自らも創意工夫を凝らして意欲的に学んでいくようになる。

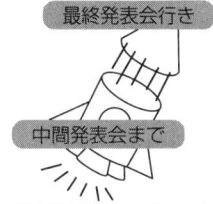

総合的な学習の2段ロケット

●子どもの学びに教師が学ぶ

「評価」といえば，教師が子どもに一方的に下すものという見方をする人も多い。しかし，総合的な学習は，ペーパーテストで容易に測定できる知識や技能の育成をねらいにするのではなく，問題の発見や解決，学び方や生き方などをねらいとしているのである。これらの思考力は，ペーパーテストでは簡単に評価できない。確かに，長期にわたって多面的な学びを多角的に評価して，初めて「よく考えたなあ」ということも多いだろう。また，教師は「こう思っていた」が，子どもは「別のことに重点を置いていた」ということもある。生き方などは，最終的には教師でさえ評価できない。とすれば，教師も子どもの学びから学び，自らの総合的な学習の進め方を振り返り，改善に役立てるということも必要となる。

2 評価の観点

> 評価の観点は，総合的な学習のねらいや教科や学校目標から設定する。教師主導の方法と子どもと一緒につくる方法があるが，いずれも問題への子どもの切実性が成否のカギになる。

◗ 取り上げたい学習課題によって，評価の観点も変わる

　総合的な学習の課題は，学習指導要領に例示されているように，国際理解，情報，環境，福祉，健康などの横断的・総合的な課題，子どもの興味・関心に基づく課題，地域や学校の特色に応じた課題などが考えられる。まず，教師がどのような課題を取り上げたいのかを考え，次に示すいずれか1つまたは複数の視点に関連づける。

●総合的な学習のねらいから評価の観点を選び出す

　総合的な学習のねらいは，問題発見力，問題解決力，学び方の習得，自己の生き方・あり方などである。これらの力を評価の観点としてもよい。それぞれの力を細分化して観点とすると，煩瑣になるので要注意である。

●各教科や特別活動と評価の観点を関連づける

　教科は，総合的な学習と環境や国際など内容面で関連することもあるが，特別活動のように，発表などの学び方で関連して，転移可能な場合も多い。年間指導計画を見すえながら，評価の観点を選び，関連づけを図る。

●学校や学年の目標から評価の観点を抽出する

　総合的な学習は，小学校では「ふるさと学習」などの形で学校目標として校区や郷土を見つめ直すという実践がある。中学校では，情報処理など学び方に傾斜した学年課題を設定しているケースもある。そのような学校の取り組みを見すえながら，自分の担当する学年や学級の総合的な学習を考え，そこから評価の観点を選び出す。

評価の観点の例

子どもと一緒につくった観点	教育課程審議会が例示している観点
調べ方	● 学び方，ものの考え方，情報活用力
まとめ方	● 学び方，ものの考え方，学習活動にかかわる技能・表現，情報活用力
挑戦，実践	● 総合的な思考・判断，知識を応用し総合する力
発表，表現，協力，友達	● 学習活動にかかわる技能・表現，コミュニケーション能力
発見，問題	● 課題設定の能力
振り返り	● 自己の生き方
がんばり，活動，ヒットポイント	● 学習への主体的，創造的な態度，学習活動への関心・意欲・態度

教師が「これは教えたい」という観点を定める

教師が「あれを取り上げたい，これにも目を向けさせたい」と思って，そこから評価の観点を抽出することもある。しかし，課題が子どもにとってなじみのない場合には，教師の期待するようには子どもがなかなか動いてくれない。このようなときには，その課題にかかわる共通体験をさせて，ほんとうに取り組める問題に絞り込み，そこから評価の観点を絞り込む。

子どもと一緒に観点をつくる

子どもたちがある程度学んで，まとめて発表した後，自分の学びを振り返らせ，「ほかの子どもの学びに見習いたいこと」や「これから改善したいこと」を書かせて，それを分類したものを評価の観点にすると，子ども自身があげたものなので観点が内面化され，粘り強く学ぶようになる。この方法は多大な時間を要するが，評価を通した学び方の時間と考えたい。子どもとつくった観点は，表のように，予想以上に幅広くて信頼できる。

2 評価の観点

実践例に学ぶ評価の観点のつくり方

　次の2つの総合的な学習の実践は，どちらのほうがよいだろうか。いずれも小学5年の1学期間に及ぶ実践である。

● **教師主導で評価の観点を設定したケース**

　A先生は，グリーンマップ（身近な環境の様子をアイコンで表した地域マップ）を導入して，子どもに校区をよく知ってもらい，地域の高齢者や他地域の人々とも交流して，子どもの視野を広げたいと願い，次のような力やスキルを設定して，それを評価の観点にしようと考えた。

育てたい力
　Ⓐ地域環境，住環境を客観的に見る力／Ⓑ地域とかかわろうとする力
　Ⓒコミュニティの一員としての自覚／Ⓓ世代間交流を進めようとする意欲／Ⓔ自分たちの未来を想起する力

育てたいスキル
　(a)友達間や世代間のかかわりの中で協力して作業を進めることができる。
　(b)納得いくまで話し合い，決定を下すことができる。
　(c)インタビューなどのリサーチができる。
　(d)自分の思いを適当な方法でわかりやすくまとめて発表できる。

　学習の始めに，子どもに校区はあまり知られていないことを気づかせた後，「校区を有名にしよう」という課題を設定して，高齢者と交流したり，マップづくりをさせたが，どうも子どもの意欲が高まらない。そこで学級で校区に出て，マップへのアイコンの載せ方を共通体験させると，子どもたちは，地域の自然環境や過去に輩出したオリンピック選手などを調べてマップに記入し，中間発表会を行った後，班ごとに長所・短所を見きわめて，そのバージョンアップ版を最終発表会で発表した。

● **子どもが学びの長短所を見きわめた後，観点をつくったケース**

　B先生は，日ごろから関心があった食材の安全性と学期末に学年キャンプで食事をつくることを結びつけて「おいしいカレーを作ろう」という課題を設定した。これは環境教育だが，学校が「ふるさと学習」を重視しているので，それとの関連づけにもなる。3週間ほどして，子どもから「究極のカレーづくり」にしたほうがよいとの提案があって，「ここまで真剣

に考えてくれれば，半分成功したのも同然」と自信を得て，その問題で進めることにした。というのは，おいしさ，食材の安全性，栄養のバランス，アイデアと，広い内容面で押さえるべき点を設定できるからである。

　そして，カレーの食材であるお米について調べて，班ごとで発表した後，自分たちの発表を振り返らせ，「これからどんなめあてをもてばいいのか」ということを書かせたところ，次のようなものが出てきた（一部省略）。

　(ア)何でも質問に答えられるようにしたい。
　(イ)よいところをまねる。文だけじゃなくて絵で表すこともしたい。
　(ウ)おいしいお米と野菜を自分で見つけたい。
　(エ)いろんなことに挑戦したい。
　(オ)問題を発見して追究し解決したい。
　(カ)もっといろんなことを調べてわかりやすくまとめたい。

　B先生は，これらを下のように分類して，それを学びのめあてとすると同時に，評価をするための観点として，子どもたちに示した。

　A．ヒットポイント（意欲：例えばウ）　B．発見（問題発見：例えばオ）
　C．調べ方（例えばカ）　　　D．発表・まとめ方（例えばアやカ）
　E．挑戦（実践：例えばエ）　F．協力（グループ：例えばイ）

　その後，中間発表会でカレーのルーづくりから挑戦して大失敗をした班もあったが，最終発表会では，どの班も中間発表会より飛躍的に質の高い発表をすることができた。

● **成否の分かれ目は，子どもにとっての切実さ**

　A先生の学級の子どもは，グリーンマップについて慣れ親しんでいなかった。そのために，評価の観点Ｅにかかわる本格的な授業ができなかった。他方，B先生は，学校の目標と自分が設定した課題を設定して総合的な学習を進めたが，途中から子どもたちが教師の課題を自分たちの問題に組みかえ，学びの節目に行う発表会を通じて，子どもにとっては"目当て"であるが，教師にとっては"評価の観点"となるものを抽出することができた。

　このように子どもと一緒に評価の観点を作ると，子ども自身が評価の観点を内面化して学ぶので，粘り強い学びを展開することができる。

参考文献　NPO法人グリーンマップジャパン　http://greenmap.jp/
　　　　　安藤輝次『ポートフォリオで総合的な学習を創る』図書文化，2001

3 評価方法の工夫（ポートフォリオの活用）

多様な学びが展開され，その学びの表現も多面的である総合的な学習の評価には，教師による評価や子ども相互の評価や自己評価などで長期的に評価できるポートフォリオが有効である。

● 総合的な学習のねらいを念頭に置く

総合的な学習は，「教員の必要かつ適切な指導を欠き，教育的な効果が十分上がっていない」（平成15年10月の中教審答申）と言われてから，教師主導の学習が多くなった。確かに，この指摘は心にとめたいが，子どもによる問題発見・解決を促し，学び方を学び，生き方にもつなげるという当初のねらいは生きている。評価を考えるにも，その点を忘れてはいけない。

● 評価に偏りがないようにする

総合的な学習では，学んだ成果を文字や記号で表したり，マップや図解で示したり，ものづくりをして発表するというように，多面的な評価が展開される。その際に，次頁のような表を作成するとよい。ただし，子どもが学んでいる途中で評価規準を大きく変更したり，まとめの時間が少ないために子どもがもっている力を出し切れなかったり，教師がかかわりすぎたりすると，評価に偏りが生じることになる。

● いつでも，どこでも，何でも振り返らせる

子どもは，自らの学びの振り返りを通して，主体的に問題を見つけ，解決に取り組むようになり，学び方を工夫したり，生き方に関連づけたりするようにもなる。また，教科や特別活動で学んだ事柄を転移させるようになる。とすれば教師は，中間や最終の発表会など学びの節目で振り返らせ

第5章　総合的な学習の評価

[評価の対象と方法の計画]

調べる
個人・小集団・学級のどの規模で何をいかに調べるのか？

まとめる
個人・小集団・学級のどの規模で何をいかにまとめるのか？

3点照合法
どの学びの評価基準で文章，ビジュアル，行動の3つの角度から，その学びが本当に行われているかどうかを記す。

自己評価・他者評価
自身の評価だけでなく級友，教師，親，お世話になった人からの評価をどのような方法で行うのかを記す。

発表
どの場面で，だれを対象にどのような形式で発表するのか，そこでの発表に対する評価の方法を記す。

体験・ものづくり
どの場面で，何を対象にして体験したり，ものづくりをするのか，そこでの体験やものづくりに対する評価の方法を記す。

（中央）課題　学びの結果

●各欄の問いや指示にしたがって計画の対象と方法を記入する

るだけでなく，子ども自身に付箋紙などを使って「いつでも，どこでも，何でも振り返る」ということを奨励したほうがよい。

自己評価を尊重しながら多角的に評価する

　教師が一人一人の子どもの学びを詳細に把握することはむずかしく，また，子どもの隠れた努力や学びの特有なスタイルを見逃すこともある。総合的な学習では，子ども自身による振り返りを軸にしながら，教師からのコメントや子ども同士の批評，保護者や地域講師などお世話になった人々の感想などもポートフォリオに入れて，多角的に評価する。

子ども用ポートフォリオを活用する

　総合的な学習では，子ども用ポートフォリオを適切に使えば，子ども自らが学びを評価し，次の学びへも連動させながら，学習をうまく展開できる。ポートフォリオを導入する際には，すでに述べた4つのポイント以外

に，次のような点にも留意して進めたい。
- **子ども用ポートフォリオについてモデルを使って説明する**

　ポートフォリオは，学びの歩みをつづったものであり，そこから自然に学びの長短所が見えてきて，次に何を学ぶべきかが明らかになるという意義がある。その導入法としては，2週間ほど子どもに学習ファイルづくりをさせた後，教師がモデルとなるポートフォリオを見せて，ファイルとの違いを明らかにし，どのように振り返るのかということを言葉と実物を対応させながら説明すればよい。

- **ある程度学習物が集まったら，振り返りの機会を設ける**

　子どものポートフォリオに学習物が10以上集まりだしてから，振り返りを入れて，学びの変容や伸びを見いだす機会を設ける。その際には，以前の学びといまの学びを対比させながら，変容や伸びが可視化できるようにし，その原因が何であったのかということを明らかにするように励ます。

　ただし，小学校中学年では，このようなレベルに達していない子どもが多いので，そのつど，教師は，普段から見取った成果を生かして，「あのとき，こんなこともあったけど，それとは関係あるの？」と尋ねたり，「これを書いたときにはどんなことを工夫したの？」と探りを入れたりして支援していく。

- **過程ポートフォリオをつくる**

　子ども用ポートフォリオの最終ゴールを見すえながら，学習物を時系列にファイルした過程ポートフォリオをつくる。例えば，次頁に示すように，3学期に子どもに1年間の学びを振り返らせ，学習物を証拠として根拠づけながら「学んだこと」「学べなかったこと」についてシートを書かせる。すると，子どもは，「学べなかった」ことから次年度の学びのめあてを立てて，意識的に学ぶようになる。

- **ポートフォリオ活用チェックリスト**

　最後に，次のチェックリストを見て，ポートフォリオに関して十分な準備を整えて，実施していただきたい。

□子どもは，ポートフォリオとは何で，どのように使うのかということを知っている。

振り返りプリント

この一年間の自分の成長を振り返って

1月28日　5年ろ組〔　　Y女　　〕

一学期はカレー学習、2学期は環境リサーチなどの学習を行いながら、学び方アイテムの習得、自主学習、見たこと作文の問題発見―問題解決などの学び方を身に付けてきました。そこで、ふるさと学習ファイルや見たこと帳などを見て、一年前と一年後の自分の成長を見比べて見ましょう。

①ふるさと学習ファイルの中から
ベスト学習物を2つ選ぶとしたらどれを選びますか。

・1月27日の森林
選んだ理由（グラフなどをつかっていたから。　）
・5月26日のビタミン
選んだ理由（ビタミンのことがくわしくかいてあるから。　）

もっと充実させたい（もっと伸ばしたい）ものを一つ選ぶとしたらどれを選びますか。
・4月21日のお米作り
選んだ理由（字ばっかりで絵がないから。　）

②見たこと帳から
ベスト自学を2つ選ぶとしたらどれを選びますか。
・12月3日の授業でわかったこと
選んだ理由（授業やったところをまとめてあるから。　）
・6月1日の見たこと作文
選んだ理由（シャーペンを見て図をかいて2ページにかいてあるから。）

もっと充実させたい（もっと伸ばしたい）ものを一つ選ぶとしたらどれを選びますか。
・6月17日の見たこと作文。
選んだ理由（ためになる自学ではなかったから　）

③ふるさと学習や自学を通して自分ができるようになったこと、自分のよいところ、力をつけたこと、身に付けたこと、成長したことがたくさんあるはずです。思いつくままに書き出してみましょう。また何を見てそう思ったのかも書いておきましょう。

・自学の力がついた
理由ーメニューがよくなっている。自学帳をぱっぱっとみていて思った。
・まとめる力がついた
理由ーまとめ方アイテムの絵やグラフをみて表すのができるようになった。
・調べる力がついた
理由ーなにで調べたかかけるようになって。ふるさと学習ファイルをふりかえって思った
・調べる力がついた
理由ーない所がふえていってしらべたとき多い所と少ない所とをくらべられた。（調べ方）
・自学の力がついた
理由ー実際にじっけんして調べられるようになった（調べ方）

□子どもは，なぜポートフォリオが重要なのかということを知っている。
□子どもは，評価の観点にそって学習物を選ぶことに責任をもっている。
□学習物は，少なくとも数十に及ぶほど十分な量になっている。
□学習物の量がたまってくると，ポートフォリオに目次が付けられている。
□振り返りは，「こうしたらよかった」という後悔や「こうすべきだが，時間がなかった」というような弁解に終始するのではなく，次の学びのめあてにつながるようになっている。
□学びの節目には，教師によるコメントが添えられている。なお，このコメントは，子どもが自信をもって学んでいる場合には，その学びのよさだけではなく，短所や問題点も記している。
□中間発表会や最終発表会などでは，自分自身の振り返りだけでなく発表相手の感想も入れており，自他の評価結果を関連づけて，これから見習いたいことなどが記されている。

参考文献　安藤輝次『ポートフォリオで総合的な学習を創る』図書文化，2001

資料　特別活動および行動の評価項目と内容

●特別活動の評価の内容及びその趣旨

【小学校】

学級活動　話合いや係の活動などを進んで行い，学級生活の向上やよりよい生活を目指し，諸問題の解決に努めている。

児童会活動　委員会の活動を進んで行ったり集会などに進んで参加したりして，学校生活の向上や他のためを考え，自己の役割を果たしている。

クラブ活動　自己の興味・関心を意欲的に追求し，他と協力して課題に向けて創意工夫して活動している。

学校行事　全校や学年の一員としての自覚をもち，集団における自己の役割を考え，望ましい行動をしている。

【中学校】

学級活動　話合いや係の活動などを進んで行い，学級生活の向上やよりよい生活を目指し，諸問題の解決に努めるとともに，現在及び将来の生き方を幅広く考え，積極的に自己を生かしている。

生徒会活動　委員会の活動などを進んで行い，全校的な視野に立って，学校生活の向上や他のためを考え，自己の役割を果たしている。

学校行事　全校や学年の一員としての自覚をもち，集団や社会における自己の役割を考え，望ましい行動をしている。

●指導要録「行動の記録」の評価項目【小中共通】

基本的な生活習慣
健康・体力の向上
自主・自律
責任感
創意工夫
思いやり・協力
生命尊重・自然愛護
勤労・奉仕
公正・公平
公共心・公徳心

第6章
特別活動・行動・道徳の評価

1　特別活動のねらい
2　特別活動の評価の考え方
3　特別活動の評価の実際
4　「生きる力」をはぐくむ行動・道徳の評価
5　行動・道徳の評価の実際

1　特別活動のねらい

> 特別活動は，学校の教育課程の中で「生きる力」の育成に重要な役割を果たす。一人一人の子どものよさや可能性を積極的に評価し，豊かな自己実現に役立つようにすることが大切である。

▶ 子どもの社会性を育てる

　教育課程審議会の答申（平成10年7月）にある教育課程の改善のねらいの1つが「豊かな人間性や社会性，国際社会に生きる日本人としての自覚を育成すること」である。ここで注目したいのは，豊かな人間性の中には社会性が含まれるにもかかわらず，それを別に取り上げていることである。これは，現代の子どもたちは，都市化や少子化などに伴って社会体験や自然体験が減少していることから，豊かな人間性の育成を図るとともに，社会性を育成することがいっそう重視されなければならないことを示しているのである。

▶ 特別活動の現状と課題

　子どもの「社会性を育成」するためには，特別活動が果たす役割が大きい。しかし，小学校では，児童会から依頼された議題や，お楽しみ会の議題しか話し合わない学級活動や，毎年，決まったことを繰り返す児童会活動が行われていることが多い。また，中学校では，ホームルームは教師のお説教に終始し，話し合うことは，運動会や合唱祭の内容だけで，自分たちの学級生活を改善しようとする議題は取り上げられることはない。
　このような活動だけで子どもの「社会性を育成」するのはむずかしい。特別活動の目標を実現するためにも，まず，日々の活動を見直し，子どもに何を身につけさせようとしているのか，ねらいを明確にした活動に取り組ませることが大切である。

「個人的資質」と「社会的資質」をバランスよく育てる

小学校の特別活動の目標は次のとおりである。

> 望ましい集団活動を通して，心身の調和のとれた発達と個性の伸長を図るとともに，集団の一員としての自覚を深め，協力してよりよい生活を築こうとする自主的，実践的な態度を育てる。

前半部分の「心身の調和のとれた発達と個性の伸長を図る」は，子どもの「個人的資質」であり，後半の「集団の一員としての自覚を深め，協力してよりよい生活を築こうとする」は，子どもの「社会的資質」についての記述である。

このように，特別活動では，子どもの「個人的資質」と「社会的資質」をバランスよく育てることにより，子どもの「自主的，実践的な態度を育てる」ことが大切なのである。

しかし，この2つをバランスよく育てるために参考になる特別活動の教科書や指導書があるわけではない。学習指導要領やその解説を参考にして，各学校において指導計画を作成しなければならないのである。

現代の子どもたちに適した活動を見きわめる

さらに特別活動の指導をむずかしくしているのは，現代の子どもの変化である。20年くらい前までは，教室の後ろに議題箱を置いただけで議題を集めることができた。それが10年くらい前から，月に一度議題を書く日を設けなければならなくなり，いまでは，議題を書くように促しても何を書いたらよいかわからない子どもが多くなった。この原因の1つに，現代の子どもは，社会体験が極端に不足しているため，友達と積極的にかかわることに自信をもてなくなっていることがあげられている。そのため，友達とのかかわりに心地よさを感じた経験が少ない子どもが多く，学級集団で何か活動に取り組もうとする意欲をなかなかもつことができないのである。

このため，これまでの子どもが簡単にできた活動であっても，現代の子どもは大きな壁と感じてしまうことがある。教師は，現代の子どもたちに適した活動を見きわめることが大切なのである。

2 特別活動の評価の考え方

> 特別活動の評価は，子どもの「個人的資質」と「社会的資質」をバランスよくはぐくみ，自主的・実践的な態度の育成をめざして行われなければならない。

▶ 子どもの活動歴を踏まえた年間計画・評価計画の作成

　子どもの実態は，その子どもたちのそれまでの活動歴に大きく左右されている。これまで，どのような活動に取り組んできたかよく把握したうえで，各クラスの指導計画を立案することが大切である。2年生であっても，学級会の運営方法を身につけているクラスがある一方で，6年生になっても司会も満足にできないクラスもある。クラスの実態（活動歴）を踏まえ，いま何を身につけさせることが大切かよく見きわめたうえで指導計画および評価計画を作成しなければならない。

▶ 子どもの活動サイクルを踏まえた評価

　特別活動の評価は，子どもの活動の意欲を高めるために行われなければならない。そのためには，活動で学んだことを，自分自身で振り返り，一般化して価値として自分自身の中に蓄積する。それを次の課題を解決するために活用できるようにするといった活動のサイクルを，子どもたち自身でできるように指導し，評価することが大切である。

▶ 活動のサイクルにおける教師のかかわり

　一人一人の子どもが特別活動の活動のサイクルによって，次への活動の意欲を高めるためには，教師の適切なかかわりが大切である。まず，教師が意図的・計画的に，活動のサイクルを子どもの活動に位置づけることである。そして，活動の場面では，子どものわずかな成長を見逃さず認める

ようにする。次に，振り返りの場面では，子どもの振り返りの言葉をよく聞き，子どもが気がついていない活動のよさを教師が子どもに伝えるのである。このようにして，子どもが主体的に活動によって学んだことを一般化させる。こうした教師のかかわりが，特別活動の評価として重要なのである。

（子どもの活動サイクルと教師のかかわり）

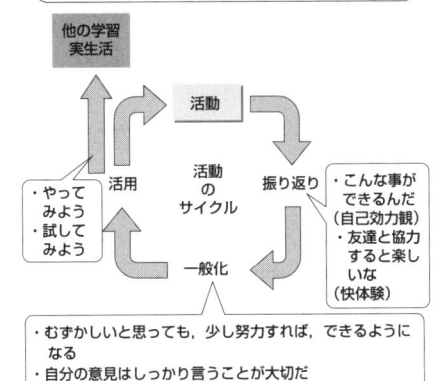

- 他の学習
- 実生活
- 活動
- 活用
- 活動のサイクル
- 振り返り
- ・やってみよう
- ・試してみよう
- ・こんな事ができるんだ（自己効力観）
- ・友達と協力すると楽しいな（快体験）
- 一般化
- ・むずかしいと思っても，少し努力すれば，できるようになる
- ・自分の意見はしっかり言うことが大切だ

自己評価，相互評価を積極的に活用する

子どもの活動において，子どもが自分自身を見きわめる場面は，次の4つがある。①教師とかかわる面，②自分が設定した課題と現状の比較場面，③自分の夢と現状の比較場面，④子どもの集団と現状の比較場面である。①は教師の評価，②③は自己評価，④は相互評価・相対評価といってよい。特別活動では，教師による評価はもちろん大切であるが，次への活動の意欲を高めるためには，自己評価や相互評価の有効であり，積極的に活用するようにしたい。

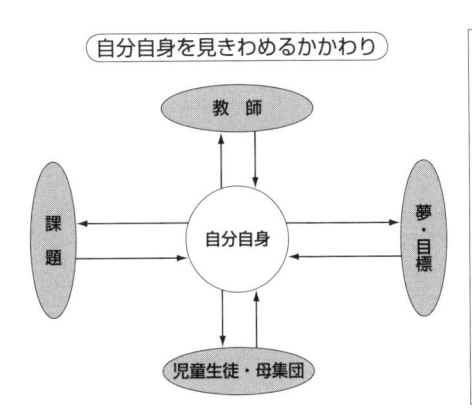

（自分自身を見きわめるかかわり）

- 教師
- 課題
- 自分自身
- 夢・目標
- 児童生徒・母集団

- ●教師による評価：教師が設定した評価規準に基づく評価
- ●自己評価：自分自身が設定した課題や夢と現在の自分自身を比較し，成長を自覚する評価
- ●相互評価：友達からの評価や，友達の活動の様子と自分自身の活動の様子を比較する評価

3 特別活動の評価の実際

> 子どもが意欲的になるのは,自分自身で努力したと思ったことを教師が適切に評価したときである。つまり,子どもの思いと教師の評価が一致することが大切である。

▶ 子ども一人一人の現状を見きわめる

　特別活動では,子どもの個人的資質と社会的資質をバランスよく育てることが大切である。しかし,子どもは,個人的資質と社会的資質を同時に身につけていくわけではない。あるときは個人的資質が成長し,また,別の時期に社会的資質を身につけるといった,両者の価値を行き来しながら成長するものである。

　子どもの発言を例にとると,まず,いま何をやりたいか自分の意見を積極的に発言できるようになる時期があり,その後,友達のことを考えてよりよい方法を考えられるようになる。このことはまた,同じ学級においても,個人的資質を認めてあげなければならない段階の子どもと,社会的資質を評価し伸ばすことの必要な子どもが同居しているということでもある。よって,子どもの望ましい成長のためには,一人一人の現状を適切に見きわめる必要がある。

▶ 評価規準の設定(「個人的資質」と「社会的資質」)

　特別活動の評価は,「個人的資質」と「社会的資質」という両面の評価規準をもとに,一人一人のよさを評価し,それをもとに指導を行うことが大切である。

　そのために,学級の実態に応じた評価規準を作成し,一人一人の子どものよさを見きわめるようにする。そのときにアンケートによる自己評価をさせることも有効である。P.149に子どもの自己評価項目案を掲載したの

で参考にしていただきたい。項目の1番から7番までが子どもの個人的資質を見きわめる項目である。8番から14番までが子どもの社会的資質を見きわめる項目として設定してある。

子どもの自己評価の集計

P.149の自己評価アンケートの結果を下の表のようにまとめると，一人一人の個人的資質や社会的資質がどの程度身についているか見きわめることができる。

「個人的資質」評価表

出席番号	名前	1 学級の問題に気づき，議題として提案できる	2 学級会では，議題に対して自分の考え…	3 学級会では，議題に対して自分の意見を…	4 学級会では，友達につられることな，…	5 学級会では，友達の考えのよさを受け入れ…	6 学級会では，よりよい学級をめざして…	7 よりよい学級をめざして，活動の計画…	合計 個人的資質	合計 社会的資質
1	A	3	3	2	3	2	2	2	16	25
2	B	2	2	1	3	2	2	2	14	12
3	C	4	4	4	4	3	4	3	26	21

上の表から，Aは，社会的資質は十分に身につけているが，個人的資質に課題があることがわかる。反対にCは，社会的資質に課題があることがわかる。また，Bは，現在は社会的資質と個人的資質の課題があるが，個人的資質から，教師が意図的によさを見きわめる必要があることがわかる。

教師の評価と子どもの自己評価の差を見きわめる

今回は，子どもの自己評価の集計結果を用いたが，教師が一人一人の子どもについて評価することも大切である。このように，しっかりした基準をもうけて評価した結果をもとに，それぞれの子どもの指導目標を決定するのである。その際，子どもの自己評価と教師の評価の違いを明らかにすると，指導の際の重要な資料となる。

例えば，教師が「個人的資質」を高く評価している子どもが，自己評価では「個人的資質」を低く評価している場合を考えてみよう。この原因として，発言できてはいるが発言することに自信をもてていないと考えられ

る。そこで，話し合い活動の際に，十分に発言のよさを認めるようにする。また，明確な目標をもたせ，それを達成させることで自信をつけさせることも大切である。

●「個人的資質」「社会的資質」評価グラフ

　先の一覧表をグラフ化すると右図のようになる。このようなグラフを作成すると，クラス全体の傾向をつかむことができる。また，継続して評価を行うと，クラス全体の変容を確かめることができる。

　この図の第1象限にいる子どもは，「個人的資質」「社会的資質」ともに育っていると考えることができる。よって，それぞれの子どものよさをさらに伸ばすことが課題となる。第4象限にいる子どもは，「社会的資質」は成長が認められるが，個人的資質に課題がある子どもだといえる。「社会的資質」を十分に認めるとともに，自分の意見をはっきり言えるように事前に意見を考えさせたり，発言の仕方を具体的に教えたりして自信をつけさせる指導を行うことが有効である。

　これと反対に，第2象限にいる子どもは自分の意見を活発に言える「個人的資質」は育ってきているが，友達の意見に耳を傾けるなどの「社会的資質」に課題がある子どもだといえる。そこで，発言内容などをしっかりと認め，「友達もいい，自分もいい」といえるような考えを促し，社会的資質を育てるようにする。

　このように，一人一人の課題を明確にするための評価を行い，適切に指導していくことが，これからの特別活動にとって重要なのである。

第6章 特別活動・行動・道徳の評価

学級活動の時間をふりかえり、それぞれの項目について、自分に最もあてはまる番号を○で囲んでください。

		まったく あてはまらない	あまり あてはまらない	やや あてはまる	とても あてはまる
1	学級の問題に気づき、議題として提案できる。	1	2	3	4
2	学級会では、議題に対して自分の考えをもつことができる。	1	2	3	4
3	学級会では、議題に対して自分の意見を発表することができる。	1	2	3	4
4	学級会では、友だちにつられることなく、自分でよいと判断し、自分の考えを決めることができる。	1	2	3	4
5	学級会では、友だちの考えのよさを受け入れて、自分の考えをよりよいものに変えることができる。	1	2	3	4
6	学級会では、よりよい学級をめざしてみんなが納得できる解決方法を考えることができる。	1	2	3	4
7	よりよい学級を目指して、活動の計画を立てることができる。	1	2	3	4
8	学級会では、友だちの考えをよく聞くことができる。	1	2	3	4
9	友だちのよさを素直に認めることができる。	1	2	3	4
10	よりよい学級をめざして、友だちと協力することができる。	1	2	3	4
11	学級会で決まったことは、計画的に活動を進めることができる。	1	2	3	4
12	学級会では、自分の考えも友だちの考えも大切にしながら、話し合うことができる。	1	2	3	4
13	学級の集会では、自分の役割に責任をもち、やりとげることができる。	1	2	3	4
14	よりよい学級をめざして、活動をふりかえりながら、みんなといっしょにやりとげることができる。	1	2	3	4

4 「生きる力」をはぐくむ行動・道徳の評価

心の教育，道徳教育は，学校教育の中で重要性を増している。「生きる力」をはぐくむために，子どもの課題を明らかにするだけでなく，よりよい行動をめざす意欲を喚起する評価をする。

▶ 行動の評価の欠点

　行動の評価は，指導要録では項目ごとに評価するようになっている。つまり，その学年に期待する基本的生活習慣が十分に身についていれば，その欄に○印をつけ，十分に身についていないときは空欄となる。保護者に渡される通信簿などにおいても，同様の評価がなされている場合が多い。
　例えば「忘れ物をしない」という欄があったとする。その学期に忘れ物をしなかった場合には○印がつけられ，あまりしなかった場合は，空欄となる。よく忘れ物をした場合には△印がつけられることもある。このような評価によって，子どもはその学期を振り返り，忘れ物をしたかしないかの事実を認識することはできる。しかし，そのことから次の学期に「忘れ物をしないようにしよう」と目標を立てることは，本人の自覚に頼るしかないのである。
　つまり，これらの評価は，子どもの行動の一側面であって，よりよい行動を促すための評価とはいえない。
　すべての評価活動は，子どもが自分自身の課題を明らかにするとともに，次への学習や活動の意欲をもてるようにすることが何より大切なのである。行動の評価であってもけっして例外ではない。

▶ 子どもの意欲を高める評価

　子どもがよりよい行動をめざそうとするのは，どのような条件がそろったときだろうか。

まず，よりより行動目標の価値をよく理解できていること，もしくは，そのことの価値に疑いをもっていないことがあげられる。自分自身で正しいと思っていないことには，意欲的に取り組むことができない。
　２つ目は，行動目標と自分自身の生活実態に差があり，課題が明確になっているときである。あまりにもかけ離れた行動目標であっては，取り組む意欲はわかない。よって，少し努力すれば達成できる目標でなければならない。
　３つ目は，その行動目標が周りの人たちにも価値のあることとして，尊重されていることである。努力して達成できたとしてもだれも認めてくれない目標では，次への活動の意欲にはつながらない。
　これらの３つの条件を満たした行動目標であれば，子どもは意欲的に取り組むことができるようになる。

よりより行動の評価をめざして

●道徳の時間の充実
　道徳の時間を充実させることにより，子ども一人一人により高い価値観を自覚化させるのである。そのことにより，自分自身の行動目標もより高く設定できるようになる。

●学級目標の設定と自分の生活との比較
　どのようなクラスにしたいか一人一人の子どもの思いと担任の経営方針から，学級目標を設定する。そして，常に自分たちの生活と学級目標を比較させ，課題を明らかにする習慣をつけることが大切である。
　そのような体験の積み上げが，自分の生活を振り返らせ，よりよい行動をしようとする意欲を高めることができる。

●子ども一人一人のわずかな成長を見きわめる
　子どもの行動の評価は，ある一定の基準を定めて評価を行うのではなく，子ども一人一人の行動目標に応じて，子どもの努力の様子のわずかな成長を見きわめ，教師が適切に評価することが大切である。

5 行動・道徳の評価の実際

> 子どもの「生きる力」をはぐくむためには，子どもが自分の課題を明確につかみ，それに向けて努力すること意識させたうえで，どの程度目標を達成できたかを教師が的確に評価する。

◗ 学級目標をしっかり定める

子どもが自分の行動を決定するためには，学級集団としてどのような行動をすることが大切なのか，しっかりと言語化してすべての子どもに示しておく必要がある。それが学級目標である。このような基準があってはじめて行動等の評価ができるのである。

● 学級目標の表現

「○○をしない」といった禁止事項が含まれる学級目標では，子どもの行動を規制することはできても，子どもが自分自身でどのような行動をとったらよいか考えることはできない。そこで，学級目標は，「○○をしよう」というように肯定的な表現にする。

● 学級目標のつくり方

学級目標をつくる際は，まず担任の学級の経営方針（願い）をしっかりと子どもに伝える。そのうえで，どのようなクラスにしたいか，また，どのようなクラスにしたくないか，十分に話し合わせる。その際，図のような「ビーイング」の手法を取り入れるとよい。

◗ 自分の目標を定める

次に，自分の生活を振り返り，学級目標を実現するためには，どのような課題があるかしっかりと見つめさせ，一人一人の目標を決めさせる。どうしてそのような目標にしたのか，発表会をもってもよい。一人一人が目標を意識するために有効である。

学習目標「ビーイング」

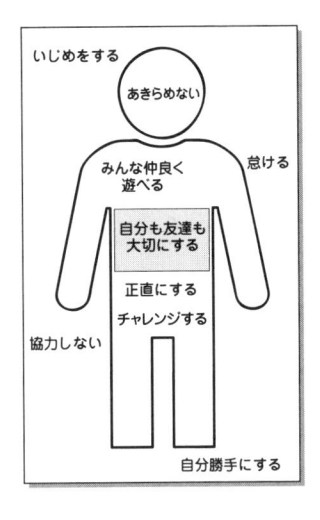

図中のラベル：
- いじめをする
- あきらめない
- みんな仲良く遊べる
- 怠ける
- 自分も友達も大切にする
- 正直にする
- チャレンジする
- 協力しない
- 自分勝手にする

① 模造紙に人型を大きく書く。人の内側には，どのような学級にしたいかを，外側にはどのような学級にしたくないかを全員で書き込む。
② 書かれた内容を教師がまとめたうえで，人型の真ん中に，みんなで考えた学級目標を記入する。学級目標を書き込む場所には，あらかじめ画用紙等を貼っておくとよい。
③ 今の学級がその目標に向かって努力しているといえるか，常に振り返るようにする。多くの子どもが達成できていると感じたときは，次の目標に書き直すようにする。

自己評価能力を高めるための評価

　行動の評価によって，子どもが次への意欲をもてるようにするためには，子どもが成長したと思ったことをしっかり認めることが大切である。また，子ども自身が課題と思っていることを適切に評価することである。
　ここで大切なことは，どちらも子どもが自分自身の成果や課題をしっかりつかんでいることである。いくら教師が適切に評価しても，子どもが自分自身の課題等を自覚していなければ，価値観の押しつけと感じられ，行動を改善しようという意欲には結びつかない。
　このような自分自身の成長や課題を把握する力を「自己評価能力」と言っていいだろう。よりよい行動をめざして意欲的になるためには，この「自己評価能力」を同時に高めなければならないのである。
　自己評価能力を高めるには，先に示したように，めざす目標（学級目標等）と自分の課題を常に見きわめる体験を十分に積ませるとともに，教師が子ども一人一人の行動のよさをしっかり見きわめ，評価することである。

■執筆者紹介

執筆順,2006年9月現在

北尾倫彦（きたおのりひこ）編集者 【1章,3章8～11担当】

1932年兵庫県生まれ。東京教育大学心理学科卒業。大阪教育大学教授,京都女子大学教授を経て,現在,大阪教育大学名誉教授,文学博士。
著書に『自己教育力を育てる先生』『新しい学力観を生かす先生』『新しい評価観と学習評価（編著）』『新観点別学習状況の評価基準表（編）』『観点別評価実践事例集（編）』『教育評価事典（監）』（以上,図書文化）など。

長瀬荘一（ながせそういち）【2章,4章担当】

1950年兵庫県生まれ。神戸大学教育学部卒業,神戸大学大学院教育学研究科修了。神戸大学発達科学部附属住吉中学校副校長を経て,現在,神戸女子短期大学教授,副学長。
著書に『学校ミドルリーダー』『新観点別学習状況の評価基準表［中学校英語］（編）』『観点別評価実践事例集［中学校英語］（編）』（以上,図書文化）,『子どもが勉強したくなる授業の条件』『関心・意欲・態度（情意的領域）の絶対評価』（明治図書）など。

安藤輝次（あんどうてるつぐ）【3章1～7,5章担当】

1950年大阪府生まれ。大阪市立大学大学院博士課程単位取得退学。福井大学教授,同大学附属中学校長（併任）を経て,現在,奈良教育大学教授。
著書に『ポートフォリオで総合的な学習を創る』（図書文化）,『絶対評価と連動する発展的な学習』『評価規準と評価基準表を使った授業実践の方法（編著）』『総合学習のためのポートフォリオ評価（共著）』（以上,黎明書房）など。

大熊雅士（おおくままさし）【6章】

1957年東京都生まれ。青山学院大学文学部教育学科卒業。東京都公立小学校教諭,東京都総合相談室電話相談員,小金井市教育委員会指導主事,江戸川区教育委員会指導主事,東京都教職員研修センター統括指導主事を経て,現在,葛飾区立住吉小学校副校長。
著書に『ソーシャルスキル教育で子どもが変わる 小学校（分担執筆）』（図書文化）,『現場即応‼よくわかる小学校生徒指導（分担執筆）』（学事出版）など。

図でわかる教職スキルアップシリーズ3
学びを引き出す学習評価

2006年11月20日　初版第1刷発行［検印省略］

編　著　©北尾倫彦
発行人　工藤展平
発行所　株式会社 図書文化社
　　　　〒112-0012　東京都文京区大塚1-4-5
　　　　TEL 03-3943-2511　FAX 03-3943-2519
　　　　http://www.toshobunka.co.jp/
　　　　振替　00160-7-67697
組版・イラスト　松澤印刷株式会社
印刷　株式会社 厚徳社
製本　合資会社 村上製本所
装丁　株式会社 加藤文明社

Ⓡ本書の全部または一部を無断で複写複製（コピー）することは，著作権法上での例外を除き，禁じられています。本書からの複写を希望される場合は，日本複写権センター（03-3401-2382）にご連絡ください。
乱丁，落丁本はお取替えいたします。
定価はカバーに表示してあります。
ISBN4-8100-6477-8 C3337

実践に生きる評価の本

新しい評価観と学習評価
北尾倫彦 編集　　　　　　　　　　　　　Ａ５判　本体2,233円
豊かな自己実現を援助する新しい学習評価への転換。新学力観を生かす新しい評価観の構築と，新視点に基づく学習評価技法の再編成と開発。

学習評価基本ハンドブック　指導と評価の一体化を目指して
辰野千壽 著　　　　　　　　　　　　　　Ａ５判　本体1,500円
学習評価を中心に，その考え方と評価の仕方・生かし方の実際について概説し，眼前の具体的問題の解決に役立つ手がかりを提示する。

評価を上手に生かす先生 [平成14年版]
石田恒好 著　　　　　　　　　　　　　　Ｂ６判　本体1,500円
指導と評価の一体化をめざした「評価新時代」，これならよくわかる「講話・教育評価入門」。

ポートフォリオで総合的な学習を創る
安藤輝次 著　　　　　　　　　　　　　　Ａ５判　本体1,900円
総合的な学習のカリキュラムデザインの考え方，ポートフォリオの位置づけ，評価規準についてよくわかる。

教科と総合に活かすポートフォリオ評価法
西岡加名恵 著　　　　　　　　　　　　　Ａ５判　本体2,500円
総合的な学習と教科，両方のポートフォリオがわかる。ポートフォリオが初めての先生にも。

自己評価　－「自己教育論」を超えて－
安彦忠彦 著　　　　　　　　　　　　　　Ｂ６判　本体1,500円
自己教育の要として，「自己評価」のあるべき姿を探究する。教育評価のパラダイム転換を迫る，我が国初の「自己評価」の総合的研究。

図書文化

※定価には別途消費税がかかります

観点別評価を完全クリア

観点別学習状況の
新 評価基準表 【平成14年度版】　　　北尾倫彦 編集代表

観点別評価の判定に客観的な根拠を提供するＡＢＣ判定基準。

[小学校] 国・社・算・理・生活・音・図・家・体　　本体各 1,400 ～ 2,200 円
[中学校] 国・社・数・理・英・音・美・技家・体　　本体各 2,200 円

💿 CD-ROM版 評価基準表 小学校編・中学校編

書籍版の各単元の評価基準表を，WORD，一太郎の文書で1枚に。

各 9,000 円

観点別評価 実践事例集　　　北尾倫彦 編集代表

資料の収集・解釈と評価技法のアイディア

授業の指導・評価計画から，実際の評価と総括のコツまで。

[小学校] 国・社・算・理・生活　　本体各 2,300 円（生活科のみ 1,800 円）
[中学校] 国・社・数・理・英　　本体各 2,300 円

新しい観点別評価問題集 中学校　　　北尾倫彦 編集代表

単元のワークシートと定期テスト

5つの観点から学力をとらえる評価問題の工夫・開発。

[中学校] 国・社・数・理・英　　本体各 2,700 円

観点別評価ハンドブック 小学校編・中学校編　　　北尾倫彦・金子守 編

目標準拠評価の考え方から評価規準づくり，教科ごとの評価の実際，結果のフィードバックまでがコンパクトにまとめられた1冊。

本体各 2,000 円

図書文化

※定価には別途消費税がかかります

評価理論のバイブル

教育評価事典

辰野千壽・石田恒好・北尾倫彦 監修　　Ａ５判　本体 6,000 円

教育評価ならびに隣接領域の理論の進展に伴い，今日的視点に立って新しく教育評価を展望する。

●おもな目次

第１章　教育評価の意義・歴史	第８章　各教科・領域の学習の評価
第２章　教育評価の理論	第９章　特別支援教育の評価
第３章　情報収集のための評価技法	第10章　カリキュラム評価・学校評価
第４章　知能・創造性の評価	第11章　教育制度と評価・諸外国の評価
第５章　パーソナリティー，行動，道徳性の評価	第12章　評価結果の記録と通知
第６章　適正，興味，意欲，態度の評価	第13章　教育統計の基礎とテスト理論
第７章　学習の評価・学力の評価	付録資料　教育評価年表・観点の変遷・指導要録参考様式など

教育評価法概説

橋本重治 原著・(財) 応用教育研究所 改訂版編集　　Ａ５判　本体 2,300 円

わかりやすくもっとも信頼できる本格的な教育評価の概説書。泰斗の見識と批判精神が確立した教育評価の理論と技法の体系を，今日的観点から改訂増補。観点別評価の諸技法も詳述。

新装版
到達度評価の研究 －その方法と技術－

新装版
続・到達度評価の研究 －到達度基準の設定の方法－

橋本重治 著　　Ａ５判　本体 2,300 円／1,900 円

教育評価の権威が内外の研究をもとに到達度評価の方法と技術を体系化。不朽の名著を「新装版」として復刻！

図書文化

※定価には別途消費税がかかります

評価の専門家と教課審・指導要録ワーキングのメンバーによる完全解説

平成13年改訂 小学校児童 新指導要録の解説と実務
平成13年改訂 中学校生徒 新指導要録の解説と実務

熱海則夫・石田恒好・北尾倫彦・山極隆 編　　A5判　本体各 2,400円

学級担任向けの簡にして要を得た要録記入マニュアル

平成13年改訂 新指導要録の記入例と用語例 [小学校編]
平成13年改訂 新指導要録の記入例と用語例 [中学校編]

●2色刷り記入見本付　　A5判　本体各 1,200円

新教育課程・指導要録対応／学級担任必携の通信簿の所見文例集

新版「子どもの様子」別　　　　●総合的な学習の所見文例つき

小学校低学年 通信簿の文例＆言葉かけ集
小学校中学年 通信簿の文例＆言葉かけ集
小学校高学年 通信簿の文例＆言葉かけ集
中　　学　　校 通信簿の文例＆言葉かけ集

石田恒好 ほか編　　A5判　本体各 1,500円

通信簿と指導要録の記入はこれで！

アレンジ自在 **通信簿の文例集CD-ROM** [小学校・中学校]

●Windows用　　小学校編：2,300円　中学校編：1,600円

新教育課程対応の「通信簿の様式」作成のための手引書

平成14年版
新教育課程完全実施対応　　**新・通信簿** ―通信簿の改善と生かし方―

石田恒好 著　　A5判　本体 2,500円

図書文化

※定価には別途消費税がかかります

図でわかる 教職スキルアップシリーズ

初任から10年めの教師に贈る，一生モノのシリーズ

全5巻

A5判・約180頁　本体各 1,800円／本体セット 9,000円

教師の間で受け継がれてきた教職のスキルを，
学問的背景や幅広い実践経験にもとづいてまとめました。

教職についたその日から，すぐに求められる5つのテーマ

▶ **1 子どもに向きあう授業づくり**　　生田孝至 編集
－授業の設計，展開から評価まで－
授業の基本の型を身につけ，自由自在に展開するための授業技術入門。

▶ **2 集団を育てる学級づくり12ヶ月**　　河村茂雄 編集
学級づくりの原理と教師の具体的な仕事を，1年間の流れにそって提示。

▶ **3 学びを引き出す学習評価**　　北尾倫彦 編集
自らのなかに評価規準をもち，意欲をもって学び続ける子どもを育てる。

▶ **4 社会性と個性を育てる毎日の生徒指導**　　犬塚文雄 編集
新しい荒れに迫る，「セーフティ」「カウンセリング」「ガイダンス」「チーム」の視点。

▶ **5 信頼でつながる保護者対応**　　飯塚峻・有村久春 編集
かかわりのなかで保護者と信頼関係を築くための具体策。

シリーズの特色

要点をビジュアル化した図やイラスト
どこからでも読める読み切り方式
実用性を追求し，内容を厳選した目次

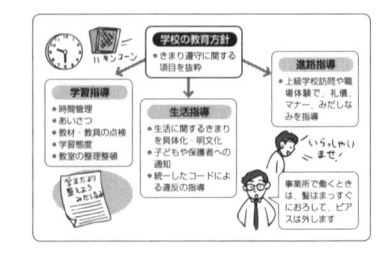

図書文化

※定価には別途消費税がかかります